예비 저널리스트를 위한 뉴스 리터러시

뉴스 속보!
가짜 뉴스 속에서
진짜 뉴스를
찾다!

글 닉 셰리든 옮김 박혜원

나무말미

인사말
저널리스트를 꿈꾸는
한국의 어린이 독자에게

안녕?

네가 이 책을 집어 들고 첫 장을 읽기 시작해 줘서 너무 기뻐.

내 이름은 닉이고, 영국 BBC 현직 저널리스트야. 난 지금 흥분 상태에 있어. 내 글을 한국인인 네가 읽고 있다고 생각하니까 가슴이 막 두근두근한 거지. 왜냐고? 난 사실 네 나이 때 한국을 방문한 적이 있어. 그때 김치를 처음 먹어 봤고, 김치 맛에 홀딱 빠졌지. (너무 많이 먹어서 입에서 불이 나올 뻔했지 뭐야!) 그 후로 나는 한국을 다시 방문할 날을 고대해 왔어. 한국엔 흥미진진한 뉴스들이 엄청 많으니까!

내가 다시 한국에 가기 전까지, 흥미진진한 뉴스를 찾고 전하는 건 너의 몫이야! 지금 세상에는 너 같은 기자가 필요해. (다른 데 보지 마. 나는 지금 이 책을 읽는 너를 가리킨 거니까.) 만약 네가 호기심이 많고 세상에 질문하는 걸 좋아한다면, 넌 저널리스트의 자질이 충분해.

진공청소기만 사용해서 고층 빌딩을 오른 여성 등반가! 사람을 안아주는 의자! 한국의 과학자들이 도달한 무려 1억 도에 이르는 꿈의 인공 태양! 모두 한국에서 실제로 일어난 일들이고, 세계는 한국에서 지금 어떤 일들이 일어나고 있는지 궁금해하고 있어.

나는 너만 한 나이 때부터 저널리스트를 꿈꿨어. 역사, 정치 같은 과목을 좋아해서 (수학 과목에 대해서는 수포자였고) 정말 열심히 공부했지. 그리고 대학에 가서 저널리즘의 모든 것을 배웠어. 뉴스 프로그램의 진행자이자 기자로 경력을 쌓았고, 전 세계를 여행하고 놀라운 사람들을 만날 만큼 운도 좋았지. 내가 했다면, 너도 할 수 있어! 날 믿어 봐.

　조선일보나 한국일보의 1면에 실릴 놀라운 기사를 쓰고 싶니? 혹은 KBS1이나 MBC의 저녁 뉴스 프로그램 진행자가 되고 싶니? 이 책은 네가 꾸는 꿈을 이루게 도와줄 거야.

　비록 너와 나는 다른 언어를 쓰고, 수천 킬로미터 떨어진 곳에 살고 있지만, 한국과 영국은 생각보다 가깝게 연결되어 있어. BBC에 보도되는 한국 관련 기사는 한국에서, 네가 보는 영국에 관한 많은 뉴스는 영국에서 사는 저널리스트들로부터 나와. 전 세계 기자들은 서로 뉴스를 신속 정확하게 보도하기 위해 노력하고 있지. 영국, 한국, 호주, 남극, 달 등 세계 어디를 가든지 뉴스가 있고, 뉴스를 취재하는 훌륭한 기자가 있어. 나는 네가 이들과 함께 저널리스트로서 발걸음을 떼 보길 바라.

　지금 창밖을 봐 볼래? 네가 발견해 주기를 바라고, 세상에 알려 주기를 바라는 수백 가지의 이야기들이 기다리고 있을 거야. 그 이야기들을 다루는 게 저널리스트의 일이야. 나는 이 책에서 네가 최고의 이야기를 찾아 세상에 말할 수 있도록 도울 거야. 좋은 이야기를 찾으면, 전 세계는 귀 기울이게 되어 있어.

　뭘 주저하는 거야? 지금 바로 시작하자.

　행운을 빌게.

닉 셰리든

차례

인사말 | 저널리스트를 꿈꾸는 한국의 어린이 독자에게 ·········· 2
머리말 | 진짜 뉴스를 찾는 너에게 ································ 6

뉴스의 세계가 궁금해?
1. 일단 읽기 시작해 봐! ·········· 9
2. 좋은 뉴스, 나쁜 뉴스 ·········· 14
3. 신문의 탄생 ···················· 22
4. 가짜 뉴스의 역사 ·············· 30
5. 가짜 뉴스 판별하기 ··········· 38

뉴스, 어떻게 찾을까?
1. 기자가 쓰는 글은 '기사' ····· 57
2. 기사는 어디에나 있어! ······· 61
3. 기삿거리 정하는 방법 ········ 64
4. 톱라인과 헤드라인 ············ 76
5. 출처를 알아야 해! ············· 84
6. 스마트폰만 있어도 돼! ······· 94

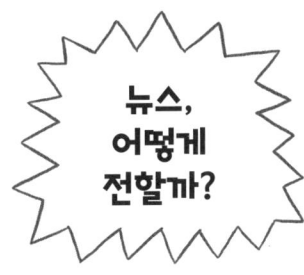

1. W 다섯 개와 H 한 개 ····· 105
2. 생생 인터뷰와 복스팝 ····· 110
3. 기사는 '역피라미드형'! ····· 123
4. 뉴스, 어디로 보낼까? ····· 128

다음 뉴스는…… 이제 네 차례! ················· 142
뉴스 용어 ························· 144
닉 셰리든이 쓴 '자기소개서' ················· 148
감사의 말 ························· 150

> **머리말**
진짜 뉴스를 찾는 너에게

여러분, 안녕?

이 책을 펼쳤다면 아마 **뉴스의 세계**가 궁금한 친구들이겠지. 혹은 지하철역에서 굴러다니던 책을 발견한 것일 수도 있고. 그렇다면 출판사에 보내 줄래? 내가 반쯤 먹다가 책갈피로 쓴 달걀 샌드위치도 같이 말이야.

나는 닉 셰리든이라고 해. 저널리스트지. 나는 열한 살 때부터 《데일리 폰트》라는 신문을 만들기 시작했어. 그러니까 그때부터 저널리스트였던 셈이야. 나는 편집장에다 신문사 대표, 취재 기자, 스포츠 전문 기자, 일기 예보관, 칼럼니스트, 변호사, 접수 담당자, 구내식당 요리사, 청소부 역할까지 전부 다 했어. 돈이 없으니까 결국 직원을 다 내보냈던 거였고, 마지막에는 나도 접어야 했지.

지금도 나는 저널리스트야. 나는 내 직업을 사랑해. 하지만 뉴스를 설명하기란 쉽지 않아. 잘해 봐야 지적 호기심을 채워 주거나 흥미롭거나 행복감을 주는 이야기라고 할 수 있는 정도지. 지역 음식 축제에서 8톤짜리 라자냐 통에 퐁당 빠진 학생이 무사히 구출됐다는 이야기처럼 말이야. 그러나 뉴스는 보통 **이해하기 힘들고, 어리둥절하거나,** 심지어는 **기분이 언짢아지는** 이야기가 더 많아.

그리고 **가짜 뉴스**라는 것도 있잖아. 어떤 가짜 뉴스는 웃기고 재밌기는 하지만 사실과 완전히 반대인 것도 있어. **가짜 뉴스**는 인류 역사가 시작되었을 때부터 있었어. 고대의 정치인들은 경쟁자를 깎아내리기 위해 낯 뜨거운 이야기를 마구 지어냈고, 왕은 화가들에게 자기를 실제보다 더 당당하고 멋있게 그리라고 다그쳤지. 현대를 사는 우리는 셀 수 없이 많은 정보를 접해. 이 말은 가짜 뉴스에 넘어갈 위험이 그만큼 크다는 뜻이야.

저널리스트로서 내 직업은 **잡음을 걸러 내고** 진실을 알리는 거야. 헤드라인 뒤에 숨겨진 이야기를 엿보고 싶거나 혹은 뉴스가 만들어지는 과정, 최고의 뉴스거리를 **찾아내는** 방법, 그리고 가짜 뉴스와 사실을 구별하는 방법을 현직 저널리스트에게서 배우고 싶다면, 딱 맞는 책을 고른 거야.

이 책은 너를 뉴스의 참과 거짓을 판별할 수 있는 '**뉴스 리터러시**'를 갖춘 똑똑한 뉴스 **소비자이자 뉴스 생산자**로 만들어 줄 거야. 내가 뉴스가 어떻게 만들어지는지도 알려 주고, 기사 쓰는 법도 알려 줄게. 나처럼 저널리스트가 되고 싶다면 어떻게 해야 하는지도 가르쳐 줄 수 있어!

만약 이 이야기가 별로 재미없을 거 같다면, 발을 뺄 수 있는 기회를 줄게. 이 책장을 넘기고 나면 너무 늦을 거야.

아직 책을 읽고 있니? 그렇다면 같이 가 보자.

닉 셰리든

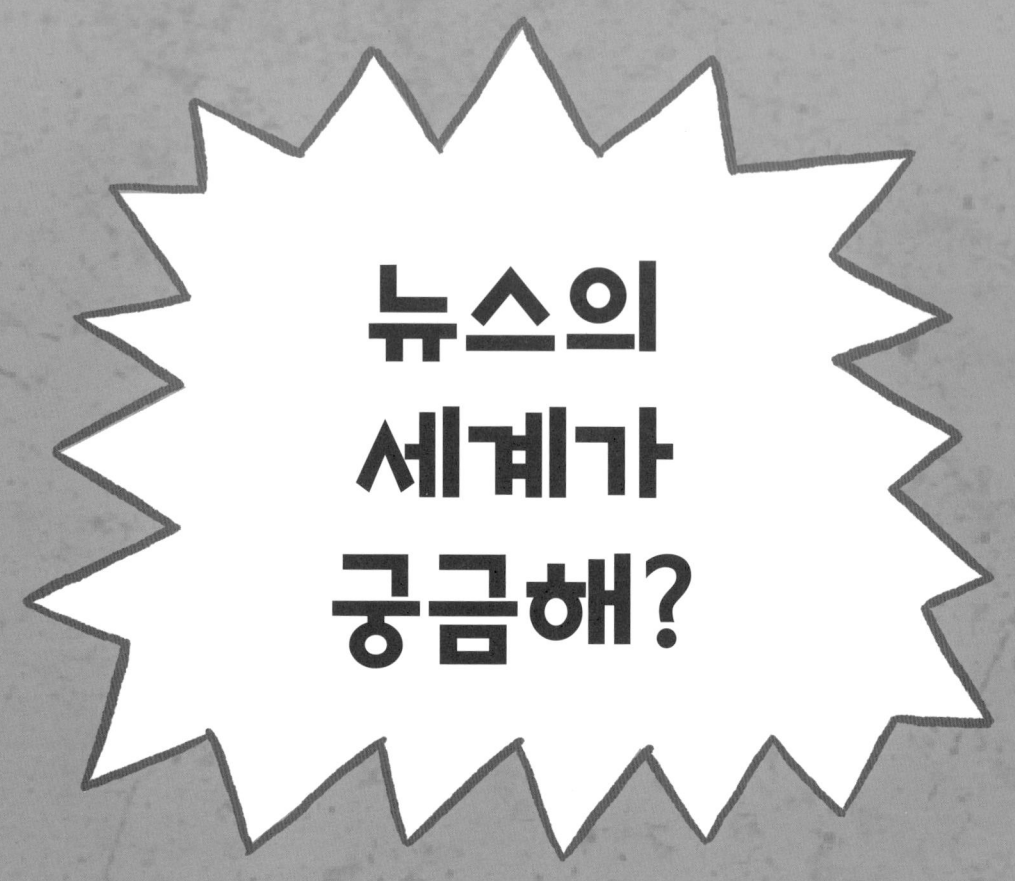

뉴스의 세계가 궁금해?

장대높이뛰기, 도자기 빚기, 성대모사,
하다못해 종이접기까지, 모든 기술이 다 그렇듯
기초를 배우는 것이 가장 중요해.

그러니까 이제부터 소매를 걷고…….

1. 일단 읽기 시작해 봐!

뉴스란 뭘까?

폼 나는 단어를 써서 똑똑한 척을 좀 해 본다면, 뉴스는 이렇게 설명할 수 있을 거야. (설명을 읽다가 졸지 않도록 조심해. 읽어 보면 알겠지만, 어마어마하게 지루하거든.)

- 민주주의 가치의 실현과 공동체의 유지와 발전에
- 필요한 지식과 정보를 전파할 목적으로 새로운
- 사실을 조사하고 수집해 대중에게 발표하는 것

쿵! 맙소사, 설명을 쓰다가 나도 모르게 잠들어서 이마를 키보드에 박았지 뭐야.

이마가 띵띵 부어올랐었는데 조금 가라앉은 거 같군. 그럼, 이제부터 내가 신기하고 재밌는 마술을 보여 줄게.

만약에 저 긴 문구에서 단어를 **딱 하나만 남기고** 다른 단어는 모조리 지워 버려도 여전히 뉴스를 설명할 수 있다면, 믿을 수 있겠니?

내가 한번 해 볼 테니 **잘 봐.**

짜잔!

어때, 무릎이 탁 쳐지지 않아?

온갖 단어를 다 끌고 와서 뉴스를 자세히 설명한다고 해도, 결국은 이 단어 하나로 요약될 거야. 바로 '새로운(new)'이라는 단어지. 일어난 지 얼마 안 된 따끈따끈한 이야기라는 뜻이야.

네가 이 책을 읽기 시작했다는 이야기도 뉴스가 될 수 있고, 내가 졸다가 키보드에 이마를 찧어서 혹이 톡 튀어나왔다는 이야기도 뉴스가 될 수 있어. 지금 방금 일어난 '**새로운**' 일이니까 '**뉴스**'가 될 수 있는 거지.

뉴스는 공기나 물 같기도 하고 바닷가에서 실컷 놀다가 나도 모르게 바지에 묻는 모래 같기도 해. 뉴스는 어디에서나 만날 수 있어. 게다가 **번개 같은 속도로** 너에게 닿지. 네가 의식하지 않아도 뉴스는 항상 네 주변에서 나오고 있어.

신문의 기사 제목들이 우리의 눈길을 **확** 끌어.

텔레비전을 볼 때 뉴스가 **불쑥** 떠.

차를 타면 라디오에서 뉴스가 **왕왕** 들려.

핸드폰이나 태블릿에서 **실시간 스트리밍** 되기도 해.

뉴스는 우리를 화들짝 놀라게 할 때도 있어. 마치 정글에서 낮잠을 자다가 갑자기 깨 버린 퓨마처럼 와락 달려들 때가 있거든. 이 책을 읽을 때도 갑자기 뉴스가 확 튀어나와서 머리를 한 대 **꽝** 맞은 느낌이 들 수도 있어. '눈과 귀가 번쩍 놀라운 이야기'를 잘 찾아 봐. 이 책에서도, 주변에서도 말이야.

절대 멈추는 법이 없는 뉴스

뉴스는 하루 24시간, 일주일 내내 나와. 우리가 자고 있을 때조차 뉴스 기계는 쉬지 않고 **지잉지잉** 소리를 내며 뉴스를 뽑아내고 있어. 언제나 어디에선가는 사건이 일어나고 있기 때문이지. 세상에 알려 줄 만한 새로운 일은 항상 일어나.

취재 기자, 촬영 기자, 편집 기자, 아나운서, 온라인 작가, 기술 담당자 같은 사람들이 우리에게 뉴스를 전하기 위해 굉장히 열심히 일하고 있어. 이들은 뉴스가 공기나 물처럼 끊임없이 사람들에게 공급되어야 한다고 믿고 있어. 공기나 물이 없으면 살 수 없잖아. 뉴스를 그만큼 중요하게 생각하는 거야. 그래서 그렇게 부지런히 일하지.

이들 덕분에 우리는 우리를 둘러싼 세상에서 어떤 일이 일어나고 있는지 알 수 있어. 어떤 정치인이 사고를 쳤는지, 어떤 테니스 선수가 윔블던 선수권 대회에서 우승했는지, 자선 단체가 어떻게 어려움에 처한 사람들을 도와줬는지 등에 대해서 말이야. 하지만 이런 뉴스를 볼 때 먼저 꼭 해야 할 게 있어.

**뉴스가 어떻게 만들어진 건지
생각해 보는 거야.**

뉴스를 챙겨 보기도 바쁜데 왜 뉴스의 제작 과정까지 생각해 봐야 하냐고? 내가 예를 들어 설명해 줄게. 학교에서 급식을 받았는데, 보글보글 끓는 **정체불명 수프**가 나왔어. 그러면 그 수프를 입에 넣기 전에 도대체 뭘 넣고 끓였는지 알고 싶을 거야.

뉴스에 무엇이 들어갔는지 알아내는 건 정체를 알 수 없는 수프에 어떤 재료가 들어갔는지 알아내는 것과 비슷해. 재료를 알고 나면, 맛있게 꿀꺽꿀꺽 먹을지 아니면 **"고맙지만, 난 됐어."** 하고 다른 메뉴를 먹을지 판단할 수 있잖아.

뉴스를 볼 때도 마찬가지야. 조금이라도 미심쩍거나 언짢은 기분이 드는 뉴스의 제목이나 기사를 봤을 때, 그 뉴스가 어떻게 나왔는지 알면 기분이 나아질 수 있어. 그리고 다음에는 그런 뉴스는 보지 말아야겠다는 판단을 할 수도 있게 되지.

뉴스에 대한 판단을 해야 할 때 바로 이 책이 도움이 될 거야. 이 책이 뉴스에 대한 모든 걸 알려 줄 거니까!

2. 좋은 뉴스, 나쁜 뉴스

다음 기사를 읽어 보고 이상한 점이 있는지 살펴보자.

플라이라이트 여객기, 공항에 무사 착륙

오늘 아침 플라이라이트 여객기가 목적지 공항에 어떤 사고도 없이 무사히 착륙했다.

오전 11시 10분 프랑스 파리에서 출발한 플라이라이트 여객기가 조종사의 실력에 박수를 보내는 승객들의 환호 소리와 함께 예정보다 5분 일찍 목적지 공항에 도착했다.

여객기에 탔던 한 승객은 "정말이지 완벽했어요. 다리도 쭉 뻗을 수 있고 기내식도 진짜 맛있고 승무원들도 지금까지 탔던 비행기 중에서 제일 친절했어요."라고 소감을 밝혔다.

다른 승객도 "10점 만점에 10점 주고 싶어요. 여태껏 타 본 비행기 중에서 제일 좋았다고 자신 있게 말할 수 있습니다."라고 말했다.

승객들은 모두 안전하게 내린 후, 연결편을 타거나 택시 승강장으로 이동했다. 여객기 승객 중에서 짐을 잃어버린 승객은 단 한 명도 없었다.

단정한 옷차림의 예의 바른 아이를 동반한 한 여성은 "아! 정말 아름다운 아침이에요! 플라이라이트사에 어떻게 고마운 마음을 표현해야 할지 모르겠네요!"라고 전했다.

이런 뉴스 기사를 본 적이 있니? 아마도 없을 거야. 뉴스에 나오는 일들은 대개 **평범하지 않은 특이한 일**들이니까. 그리고 그중 많은 경우가 좋은 일이 아니지.

뉴스를 보고 가끔 슬퍼지거나 화가 나고 혼란스러워지는 건 당연한 거야. 하지만 걱정하지 마. 어른들도 그럴 때가 있으니까. 실제로 우리는 종종 안 좋은 일이나 나쁜 사람들을 다루는 뉴스를 봐. 그런데 이런 일들은 세상에서 일어나는 일들 중에 **0.000001퍼센트**도 되지 않아. 나머지 99.999999퍼센트는 평범하고 좋은 사람들이 하는 일들이라는 사실을 꼭 기억하렴.

내가 보여 준 기사에 나오는 여객기가 무사히 착륙했다는 소식은 오늘 밤 뉴스에 나오지 않을 거야. **왜냐고?** 이런 일은 공항에서 매일같이 수도 없이 일어나거든. 특이할 게 없어서 뉴스가 안 되는 거야. 그러니까 신문이나 TV에서 좋은 뉴스보다 나쁜 뉴스가 더 자주 나온다고 해서 **세상에 좋은 일이나 좋은 사람은 별로 없다고 생각하지는 마.**

뉴스는 평범하고 일상적인 일을 다루지 않아.
뉴스가 되는 이야기는 대체로 이런 것들이야.

- 다른 사람이나 자기 자신에게 **피해**를 주는 일을 한 사람 이야기

- 자기 자신에 대해 **나쁜 감정**을 느끼고 주변 세상에 대해 **불안**해하는 사람 이야기

- 사람들이 목숨을 잃은 **교통사고** 이야기

- 몸에 해로운 약물을 사용하거나 술을 마셔야 기분이 나아진다고 생각하는 **건강하지 못한 사람** 이야기

- 집을 잃고 거리에서 사는 **노숙자** 이야기

- 피부색, 출신지, 외모, 성별 등이나 성 소수자라는 이유로 타인을 무조건 **증오**하거나 **혐오**하는 사람 이야기

- 국내 혹은 국외에서 사람들이 의견 차이로 서로 다투다가 일어난 **폭력 사건**, 또는 국가 간에 일어난 **전쟁** 이야기

- 자기 나라에서 전쟁이 일어나 **위험천만한 피난길에** 오른 사람 이야기

- 화산 폭발이나 지진, 해일, 산사태, 태풍, 홍수처럼 사람들이 집을 잃거나 목숨을 잃을 수 있는 **자연재해** 이야기

- 사람이 몹시 아프고 죽을 수도 있는 **질병** 이야기

이 외에도 무겁고 어려운 이야기들이 많이 있어. 하지만 잊지 마. 이건 세상에서 일어나는 일의 0.000001퍼센트일 뿐이야.

뉴스에서 다루는 이야기들이 이런 것들이다 보니, 우리는 어쩔 수 없이 매일매일 달갑지 않은 뉴스를 접하게 돼. 그러다 보면 마음이 불안해지거나 기분이 언짢아지기 일쑤지. 또 그런 뉴스를 볼 때면 마음속에 뭔가 묻고 싶은 게 불쑥 피어올라서 답답해지기도 할 거야. 만약 그럴 때가 있다면, 내가 이때를 넘길 수 있는 비결을 하나 말해 줄게.

**세상에 멍청한 질문이란 없어!
꼭 기억하렴.**

뉴스 기사나 영상을 보다가 마음이 불편해지면, 이런 질문을 막 던져 봐. (세상에 멍청한 질문은 없고 이런 질문을 하는 너는 전혀 멍청하지 않으니까 걱정 말고.)

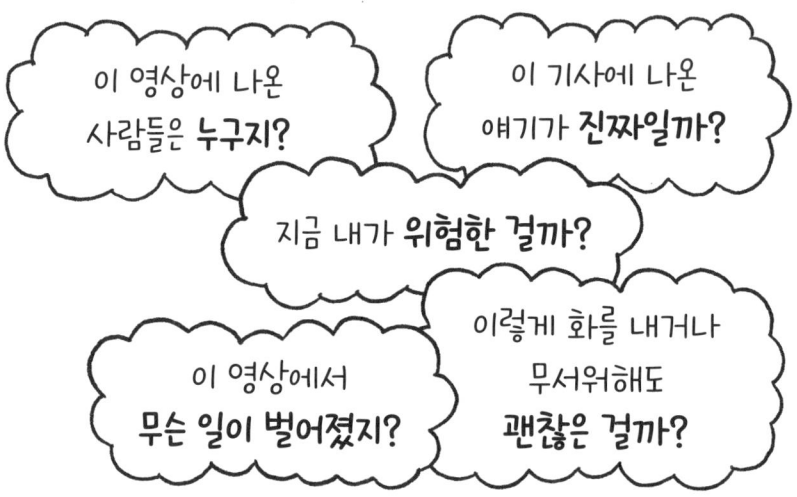

질문은 네가 믿을 수 있는 사람에게 하는 게 좋아. **선생님, 부모님** 또는 **친한 형이나 언니** 같은 사람 말이야. 어쩌면 그 사람도 답을 모를 수 있어. 하지만 너를 위해 대신 알아봐 줄 수 있어. 그리고 혹시나 해서 하는 말인데, 질문을 하고 싶지 않으면 안 해도 괜찮아.

질문에 대한 답을 듣고 나면 기분이 나아질 수도 있고 그렇지 않을 수도 있어. 오히려 궁금증이 더 커질 수도 있지. 또는 대답이 마음에 썩 들지 않아서 여전히 미궁으로 남을 수도 있어. 하지만 그래도 전혀 이상한 게 아니야.

나쁜 뉴스를 읽고 우울해졌을 때 기분을 바꿀 수 있는 소소한 방법들

- **홈베이킹**으로 브라우니를 구워 봐.
  (집을 홀라당 태워 먹지 않도록 조심)
- 무지막지하게 큰 컵으로 **핫초코**를 마셔 봐.
- 밖으로 나가서 **맑은 공기**를 한껏 들이켜며 뛰어 봐.
- **욕조에 몸을 푹** 담가 봐, 무진장 오랜 시간 동안!
  (내 최고 기록은 3시간 40분)
- 빵빵 터지는 **재밌는 영화**를 봐.
- 친구나 가족을 꼭 **안아** 봐.
- 왜 기분이 꿀꿀한지에 대해 **친구와 수다**를 떨어 봐.
- 인터넷에서 **고양이 영상**을 찾아 보는 것도 좋아.

나쁜 뉴스를 너무 많이 본 것 같다면 이런 방법이 도움이 될 수 있어. 하지만 잊지 마.

좋은 뉴스는 어디에나 있어!

가끔은 나도 모르게 **미소** 짓게 되는 뉴스가 나와. 그런 뉴스를 들으면 세상 사람들 대부분은 친절하고 예의 바르며 따뜻하다는 사실을 깨닫게 되지.

> **그런 사람들에 관한 이야기를 전하는 것도
> 기자의 중요한 임무야.**

내가 특히 아끼는 기사를 몇 개 소개할게. 이런 기사를 읽으면 이야기의 가치, 특히 결말이 행복한 이야기의 가치를 다시 생각하게 된단다.

 한 유소년 축구팀의 코치가 집안 형편이 어려워 축구화를 살 수 없는 아이들 이야기를 듣게 되었어. 코치는 안타까운 마음이 들어서 두 팔을 걷어붙이고 나섰어. 중고 축구화를 기부해 달라는 광고를 낸 거야.

결과는 대성공이었어! 축구화를 150켤레 넘게 기부받았거든. 덕분에 집안 형편이 좋지 못한 친구들도 축구화를 신고 신나게 골문을 향해 뛸 수 있었지. 아이들은 이제 계속 축구를 할 수 있게 되었어.

스패니얼 종인 강아지 맥스가 침대에서 떨어지는 바람에 뒷다리를 못 쓰게 되었어. 그러자 동네 주민들이 힘을 모았어. 십시일반으로 돈을 모아서 강아지용 휠체어를 사 준 거야. 맥스는 이제 다시 바닷가에서 쏜살같이 **쌩** 달릴 수 있어.

 코로나바이러스가 전 세계로 퍼지기 시작했을 때 많은 요양원이 할아버지, 할머니의 건강을 위해 사람들의 방문을 금지했어. 안타깝게도 많은 어르신들이 외로워졌다는 뜻이었지. 이때 한 동물원에서 멋진 해결책을 냈어. 동물원 직원들은 커다랗고 털이 북실북실한 알파카를 요양원으로 데려왔지. 그리고 알파카를 요양원 건물에 난 창문을 따라 걷게 했어. **알파카를 본 어르신들은 함박웃음을 지으며 즐거워했어!**

3. 신문의 탄생

 사람은 원래부터 항상 새로운 소식을 궁금해했어. 먼 옛날 사람들을 한번 상상해 볼까? 동굴에 살던 한 원시인이 다른 원시인에게 사냥을 나갔을 때 있었던 웃긴 이야기를 들려줬어. (예를 들면 이런 얘기야. "어떤 원시인이 곰 가죽으로 만든 팬티를 입고 있었는데, 엉덩이 부분이 쭉 찢어졌지 뭐야!") 이런 얘기도 뉴스야. 물론 오늘날 이런 얘기는 뉴스로 치지 않지만.

 옛날에는 서로에게 전달할 뉴스가 그다지 많지 않았어. 원시인들에게는 당장 오늘 어디서 잘지, 어떤 무시무시한 동물이 나를 잡아먹으러 오면 어쩌지 하고 걱정하기 바빴으니까. 혹은 하늘에 둥실 떠 있는 노랗고 동그란 건 뭘까 하고 궁금해했을지도 몰라.
그러다 모여 사는 사람들이 많아지고 활동 범위도 더 넓어지면서부터는 동굴 밖에서 무슨 일이 일어나는지 아는 것이 점점 더 중요해졌어.

율리우스 카이사르는 고대 로마의 위대한 정치인이자 군사 지도자였어. 그는 수많은 업적을 이뤘는데 그중에 '**악타 디우르나**(Acta Diurna)'라는 게 있어. 해석하면, '일일 활동 기록'이야.

기원전 59년, 권력을 잡은 카이사르는 하루 동안 자신이 했던 일이나 그날 있었던 범죄, 재판, 유명인의 결혼과 출산, 사망 같은 일들을 무거운 돌판에 새겼어. 이 악타 디우르나가 **신문의 조상**이야. 신문이라지만 사람들이 돌려 보기는 꽤 어려웠을 거야. 무거우니까. 하지만 쥐를 잡을 때는 효과 짱이었을 거 같지 않니?

다행히도 무거운 돌판으로 된 신문을 낑낑대며 집으로 가져갈 필요는 없었어. 사람들이 다 볼 수 있는 공공장소에 세워 두었기 때문이야. 그래서 사람들은 그날그날 일어났던 일을 훤히 꿸 수 있었지. 며칠이 지나서 알 만한 사람들이 다 알면 돌판을 치우고 새로운 돌판으로 바꿨어. 여기서 **새로운 소식을 알린다는 신문의 개념**이 탄생했어.

동양에서도 중국 한나라 시대(기원전 202년~기원후 220년)에 중앙 정부가 왕과 주요 정치인들의 근황, 새로운 정책, 재판 등에 대한 소식을 알릴 목적으로 '**저보**(邸報)'를 만들었어. 저보는 일종의 정부 보고서인 셈인데, 주로 나무판(어려운 말로 '목간')을 이용했어. 이 나무판 덕분에 지방에서도 중앙에서 일어나는 일들을 알 수 있었지.

저보도 악타 디우르나와 더불어 **신문의 조상**이라고 할 수 있어. 하지만 둘 다 독자층이 글자를 읽을 수 있는 부유하고 힘 있는 사람들로 제한되어 있었지.

1400년대에 세상을 완전히 바꿀 만한 대단한 사건이 일어났어. 프랑스 스트라스부르에서 **요한 구텐베르크**라는 독일 남자가 **인쇄기**를 발명한 거야. 인쇄기는 한 번에 여러 장을 찍어 낼 수 있는 기계지.

최초의 인쇄기

갑자기 소식들이 유럽 전역에 쏜살같은 속도로 전해지기 시작했어. 점점 더 많은 사람이 멀리 떨어진 곳의 소식을 알게 되었고, 세상에서 일어나는 놀라운 일들에 호기심을 갖게 되었어. 그러면서 글자 읽는 법을 배우는 사람들도 늘어났지.

곧 이런 소식들을 한곳에 모은 이야기집이 만들어져 유럽인들에게 판매되기 시작했지. 유럽인들이 세계에서 일어나는 소식을 읽을 수 있게 된 거야. 물론 이야기집이 **수백, 수천 킬로미터까지** 전달되는 데는 몇 주나 몇 달이 걸리기도 했어. 하지만 결국에는 모두 도착했지.

인쇄기의 열풍은 독일에서 이탈리아로, 미국으로 퍼져 나갔어. 우리가 현재 알고 있는 형태의 신문이 인쇄되기 시작했어. 하지만 신문에 기사를 쓴 기자들이 글솜씨는 빼어났을지 몰라도 신문의 이름을 짓는 작명 솜씨는 좀 아쉬움이 남아. 요즘 신문은 ○○**타임스,** ○○**뉴스**처럼 짧고 눈에 쏙 들어오는 이름이지만, 초창기 신문의 이름은 훨씬 길고 약간 지루했어. 예를 들면 이런 것들이었어.

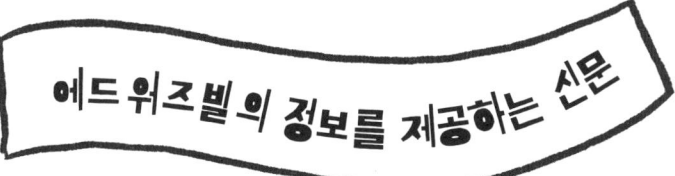

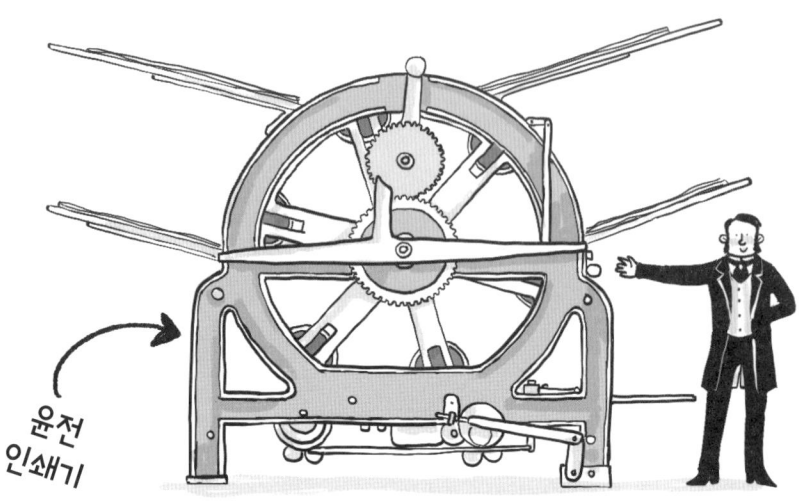

윤전 인쇄기

시간이 흐르면서 새로운 발명품들이 속속 등장했고, 언론인과 인쇄업자들은 더 많은 신문을 만들어 낼 수 있게 되었어. 1843년 발명된 **윤전 인쇄기**는 **대단히 획기적인 변화**를 가져왔어.

윤전 인쇄기는 커다란 원통에 인쇄용지를 돌리면서 찍었어. 이 말은 새 인쇄용지를 넣기 위해 인쇄기를 멈췄다가 다시 시작하지 않아도 된다는 뜻이야. 윤전 인쇄기를 사용하니까 인쇄하는 시간이 훨씬 짧아지고 효율적이었어!

하지만 여전히 문제가 남아 있었어.

사람들 대부분이
글자를 읽지 못했다는 거야.

대부분의 유럽인들은 18세기와 19세기가 되어서야 글자를 읽고 쓰는 법을 배우기 시작했어. 그 전의 유럽인들 가운데 글을 읽고 쓸 수 있는 이들은 성직자였어. 귀족도 있었지만 많지는 않았어. 그런데 **종교 개혁**의 바람이 불면서 달라졌어. 성직자들이 성서를 읽어 주고 해석해 주는 내용에 대해 이런저런 다른 의견을 내는 사람들이 생겼거든. 그러자 성경을 직접 읽어 보고 판단하겠다는 사람들이 늘어난 거야.

　또한 이 시기에 **산업 혁명**이 일어났어. 사업장에서 기계를 점점 더 많이 쓰게 됐지. 기계를 다루는 법을 배우려면 글자를 읽을 수 있어야 했고, 만들 물건의 치수를 읽을 줄 알아야 했어. 직업을 얻기 위해서라도 글자를 배워야 했지.

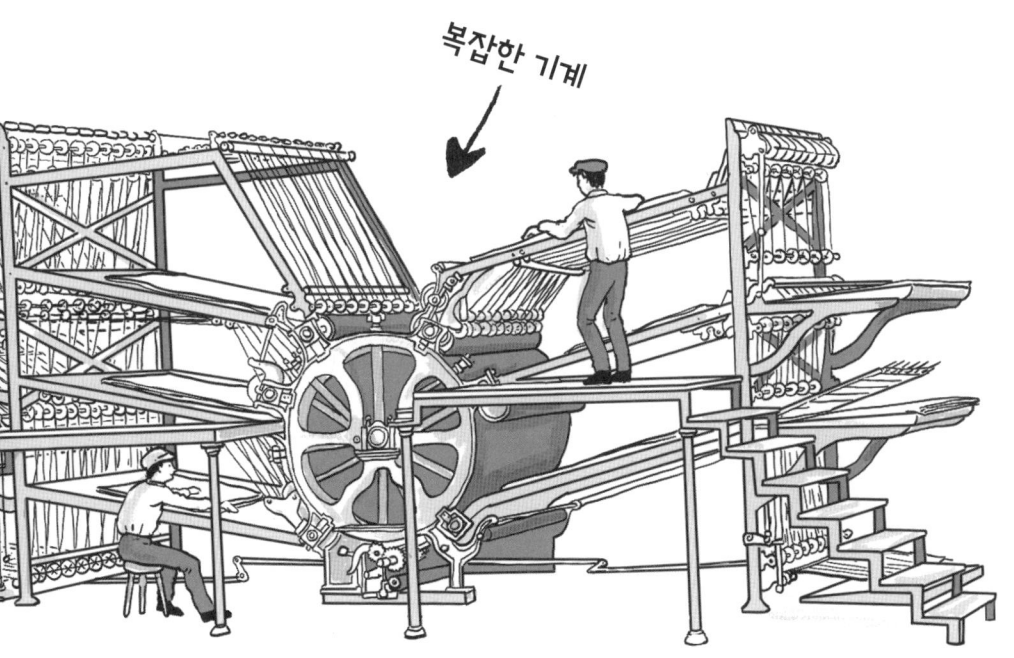

복잡한 기계

대부분의 사람들이 글자를 몰랐던 시대에 유럽에는 뉴스를 전달해 주는 사람이 따로 있었어. 바로 **타운 크라이어**(town crier)야. 이들은 주로 큰 도시에 나타나 사람들 앞에서 큰 소리로 뉴스를 읽어 줬어. 오늘날로 치면 아나운서랄까? 그런데 차이점이 있어. 타운 크라이어는 뉴스를 읽기 전에 **"들으시오, 들으시오!"** 하고 크게 소리를 질렀어. 조용히 하고 자신의 말에 귀 기울여 달라는 신호였지. 만약에 네가 하고 싶은 말이 있는데, 주위가 시끄럽다면 너도 그렇게 소리쳐 보면 좋을 거 같아.

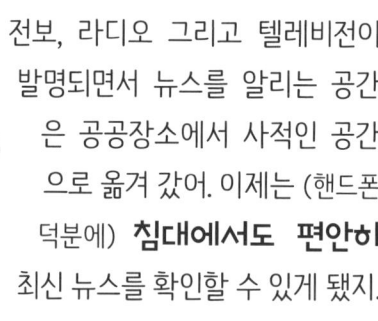

산업 혁명 이후 많은 유럽인들이 글자를 배우자 타운 크라이어는 자취를 감췄어. 그러나 미국 서부에서는 타운 크라이어의 또 다른 버전인 **뉴스 맨**이 활동했어. 이들은 마을을 돌아다니면서 신문을 읽어 줬어. 하지만 뉴스 맨도 결국 사라졌지. 사람들이 글자를 배워 직접 신문을 읽었으니까.

전보, 라디오 그리고 텔레비전이 발명되면서 뉴스를 알리는 공간은 공공장소에서 사적인 공간으로 옮겨 갔어. 이제는 (핸드폰 덕분에) **침대에서도 편안히** 최신 뉴스를 확인할 수 있게 됐지.

저널리스트 명예의 전당

아이다 B. 웰스

이름이 좀 낯설다고? 하지만 아이다는 역사상 진짜 끝내주게 똑똑한 저널리스트였어.

아이다가 태어났을 때, 미국에서 흑인들은 여전히 물건 취급을 받았어. 사람들 대부분은 흑인이 백인과 똑같은 권리를 누리면 안 된다고 생각했지.

아이다는 몹시 힘든 삶을 살았어. 부모님과 형제 중 한 명이 황열병으로 세상을 뜨고 말았거든. 아이다는 열여섯 살에 학교 선생님으로 취직했어. (나이를 살짝 속였대. 그때는 그런 게 통했나 봐.) 그리고 흑인이 받고 있는 부당한 대우에 대해서 기사와 칼럼을 쓰기 시작했지. 당시로서는 매우 위험한 행동이었어.

아이다는 평생 흑인을 대변하기 위해 목소리를 냈어. 또 여성도 투표할 권리를 가져야 한다는 캠페인을 이끌기도 했지. 아이다는 1931년에 세상을 떠났어. 아이다는 미국에서 가장 명석하고 실력이 좋은 저널리스트로 기억되고 있단다.

> "사람들은 행동하기 전에 배워야 합니다.
> 그리고 신문보다 나은 선생님은 없지요."
> – 아이다 B. 웰스

4. 가짜 뉴스의 역사

우리는 매일 엄청나게 많은 정보를 접해. 너무 많이 접하다 보니 그중에 가짜 뉴스나 허위 정보가 있어도 눈치채지 못하고 속아 넘어갈 때가 많아. 안타까운 일이지.

가끔씩 어떤 작가들은 농담 삼아 지어낸 이야기를 기사의 형식으로 쓰기도 해. 이런 걸 **패러디 기사**라고 해. 한 연금 수령자가 개 배설물을 넣는 통을 우체통으로 착각해 자신의 우편물을 수년간 개 배설물 통에 넣었다는 기사가 있었어! 사실이 아니었지만 많은 사람들이 **배꼽**을 잡고 웃었지.

패러디 기사를 올린 작가들은 보통 자신의 소셜 미디어나 웹 사이트에 이 이야기는 완전히 꾸며 낸 거라고 분명히 밝혀. 작가들은 독자를 속일 목적으로 이야기를 지어낸 게 아니야. 그냥 한번 킥킥 웃자는 것뿐이지.

가짜 뉴스 중에는 웃긴 게 많아. 하지만 사람들이 가짜 뉴스를 진짜라고 믿으면서 문제가 시작되지.

1938년, 미국의 **오슨 웰스**라는 영화감독이 라디오 드라마를 만들었어. **외계인이 지구를 침략**하는 이야기였지. 오슨은 드라마 〈우주 전쟁〉의 연출을 실제 상황처럼 했어. 드라마는 화성이 폭발했다는 놀라운 과학계 소식을 전하는 뉴스로 시작했어. 그리고 평범한 음악 프로그램이 이어지다가 갑자기 뉴스 속보를 넣고, 지금 외계인이 침공한 현장에 있다는 취재 기자까지 등장시켰지. 정말 실감 났지만 모두 꾸며 낸 것이었고, 사람들이 믿으라고 만든 게 아니었어. 드라마잖아.

> 그런데 무슨 일이 일어났는지 알아?
> 사람들이 진짜로 믿은 거야!

경찰들이 라디오 방송국으로 우르르 몰려왔지. 경찰은 오슨 웰스에게 청취자들이 너무 놀랐으니 방송을 중지하라고 했어. 수많은 사람들이 **혼비백산**해서 이리 뛰고 저리 뛰고 난리였으니까. 사람들은 짐을 챙겨 멀리 도망치려고 했어. 진짜로 무시무시한 외계인이 지구에 왔다고 믿은 거야. 왜냐하면 라디오 방송에 뉴스처럼 나왔으니까! 오슨 웰스는 나중에 사과를 했지. 청취자들이 드라마를 진짜라고 믿을 거라고는 전혀 예상 못 했다면서 말이야.

사람들이 **가짜 뉴스**를 진짜라고 믿었던 건 그때가 처음이 아니야. 가짜 뉴스는 **천지개벽 이후**로 늘 있었어.

고대 그리스에 대해 들어 본 적 있니? 아주 먼 옛날, 그러니까 기원전 1100년경부터 기원전 146년까지의 그리스를 고대 그리스라고 해. 사람들은 고대 그리스를 서양의 고대를 대표하는 문명이자 유럽 문화의 시작이라고 말해. 이때의 문화가 오늘날 유럽 문화의 뿌리가 됐거든.

고대 그리스 시대에도 가짜 뉴스가 있었어. 그것도 상당히 많이! (물론 가짜 뉴스가 고대 그리스에서 시작됐다고 말하는 건 아니야.) 그때 떠돌았던 가짜 뉴스 몇 개를 예로 들어 볼게.

기원전 600년경, 당시 평범한 그리스인들은 대부분 보리를 먹었어. 그리스는 땅이 척박해서 농사짓기가 어려웠어. 그래서 어디에서나 잘 자라는 보리를 키웠지만, 수확량이 충분하지 않았지. 그리스인들은 보리 농사가 흉작이 될까 봐 늘 걱정했어. 그러자 장삿속 밝은 상인들이 곧 폭우가 쏟아져 흉년이 들 거라는 가짜 뉴스를 퍼뜨렸어. 사람들은 완전히 패닉 상태에 빠졌어. **어마어마한** 돈을 주고 보이는 대로 보리를 전부 사들였어. 보리농사가 흉작일 거라는 이야기는 당연히 사실이 아니었어. 결국 상인들만 떼돈을 벌었지.

기원전 332년, 마케도니아의 **알렉산드로스 대왕**(나도 닉 대왕이라고 불리면 얼마나 좋을까?)도 가짜 뉴스를 퍼뜨렸어. 고대 그리스 영토를 어마어마하게 늘린 위대한 왕인 알렉산드로스는 **제우스의 아들**이라고 말이야. (천둥과 번개의 신, 제우스 알지?) 진짜라니까! 고대 그리스인들은 제우스의 가족들을 신으로 믿었기 때문에 알렉산드로스 대왕은 신적 존재로 여겨졌고, 무적의 왕으로 위세를 떨치게 되었어.

가짜 뉴스는 고대 로마 때에도 있었어. 아까 내가 얘기했던 신문의 조상, 악타 디우르나를 만든 카이사르 기억하지? 카이사르는 그 밖에도 많은 일을 했지만, 혼자 너무 오래 권력을 가지려고 했나 봐. 기원전 44년, 카이사르한테 질린 동료들에게 죽임을 당하고 말았지. 이후 누가 로마를 다스릴지를 두고 권력 다툼이 벌어졌어. 그중에 **옥타비아누스**가 있었어. 그는 경쟁자 **안토니우스**에 대해 **지저분한 소문**을 퍼뜨리기 시작했어.

옥타비아누스는 안토니우스가 늘 술에 취해 있다고 거짓 소문을 퍼뜨렸어. 동전에다 안토니우스를 비방하는 짧은 문구를 새겨 많은 사람이 보게 했어. 그 당시에 SNS가 있었다면 옥타비아누스는 아마 이런 글을 올렸을 거야

옥타비아누스
@최고의 황제

맙소사! @마르쿠스 안토니우스는 처절한 실패자다. 늘 술에 절어 있을 뿐만 아니라 그에 대한 평가도 형편없다. 그는 정말이지 끔찍한 통치자가 될 것이다. 안타깝구먼!

◀◀ 750   ★ 800

그런데 믿어지니?

이 가짜 뉴스가 효과를 봤다니까. 옥타비아누스는 결국 안토니우스와의 전쟁에서 승리를 거뒀지.

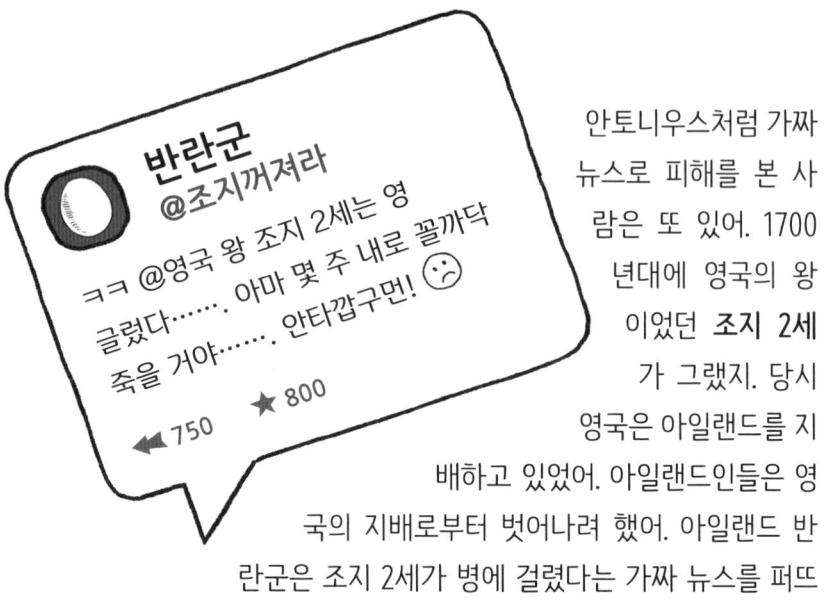

> **반란군**
> @조지꺼져라
>
> ㅋㅋ @영국 왕 조지 2세는 영 글렀다……. 아마 몇 주 내로 꼴까닥 죽을 거야……. 안타깝구먼! ☹
>
> ⬅ 750   ★ 800

안토니우스처럼 가짜 뉴스로 피해를 본 사람은 또 있어. 1700년대에 영국의 왕이었던 **조지 2세**가 그랬지. 당시 영국은 아일랜드를 지배하고 있었어. 아일랜드인들은 영국의 지배로부터 벗어나려 했어. 아일랜드 반란군은 조지 2세가 병에 걸렸다는 가짜 뉴스를 퍼뜨리기 시작했지.

조지 2세는 자신을 강하고 위엄 있는 통치자로 이미지 메이킹하고 있었어. (실제로도 꽤 건강했지.) 그러니 가짜 뉴스가 퍼졌을 때 얼마나 화가 났겠어? 반란군은 여러 신문에 가짜 뉴스를 계속 냈고, 사람들은 정말로 조지 2세가 아프다고 믿기 시작했어. 조지 2세는 일흔여섯 살까지 장수했지만, '강한 왕'이라는 이미지 메이킹에는 금이 갔지.

1835년 미국의 신문 《뉴욕 선》은 '달에서 생활하는 법'이라는 시리즈 기사를 실었어. 글쓴이는 다리가 두 개 달린 비버라든가 유니콘 같은 멋있고 신기한 생명체를 자신이 달에서 직접 두 눈으로 봤다고 주장했지. 물론 가짜 뉴스였어. 그런데 믿어지니?

사람들이 믿었다니까.

시간이 흐르면서 신문사와 방송국의 수가 급격히 늘어났어. 그만큼 가짜 뉴스의 양도 엄청나게 늘어났지.

최근 나왔던 가짜 뉴스를 이야기해 줄게. 2019년, 열다섯 살의 환경 운동가 **그레타 툰베리**는 온갖 가짜 뉴스에 시달렸어. 그레타가 공부할 시간을 낭비하고 있다는 이야기는 환경 운동이 못마땅한 이들이 하는 잔소리로 넘길 수 있어. 그런데 세상에나, 그레타가 **시간 여행자**라는 정말 괴상한 가짜 뉴스도 나왔지 뭐야?

뉴스의 근거는 1800년대 후반에 찍힌 사진 한 장이었어. 사진에 한 소녀가 등장하는데 그 소녀가 놀랍도록 그레타와 닮았다는 거였지. 자신을 소위 '저널리스트'라고 주장하는 사람이 기사에 그 사진을 띄웠어. 기사에서 그는 그레타가 단순히 환경을 걱정하는 소녀가 아니라 초자연적인 존재라고 우겼어. 어떤 배우가 그레타를 연기하는 거라고도 떠들었어. 또는 테러 조직과 연관이 있다는 등 여러 가지 의심이 많았지만 나중에 이렇게 밝혀졌어.

완전히
모조리
새빨간
거짓말.

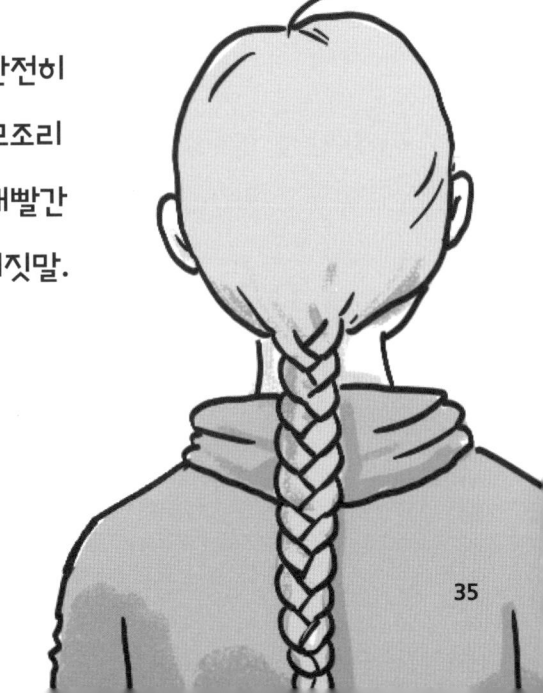

이제 가짜 뉴스가 무엇인지 대충 알아차렸겠지? 가짜 뉴스는 언론사의 뉴스 형식을 갖췄지만 사실이 아닌 뉴스야. 어떤 이익을 위해 의도적으로 정보를 조작하거나 허위 정보를 사실인 양 전달하지. 하지만 어떤 뉴스를 '가짜 뉴스'라고 할 때는 **매우 신중해야 해.** 최근 일부 정치인들이 자신에 대해 나쁘게 보도한 언론사의 기사를 가짜 뉴스라고 단정해 버리기 시작했거든. 기사 내용이 **사실**인데도 말이야.

사실을 가짜 뉴스라고 하면 사람들은 헷갈려. 누구의 말을 믿어야 할지 모르게 된다는 얘기야. 가짜 뉴스는 실제로 있어. 하지만 어떤 기사를 정치인이 가짜라고 주장한다고 해서 **그게 정말 가짜 뉴스인 건 아니야.**

허위 정보는 대개 말도 안 되는 소리라고 금방 판단할 수 있지만, 가짜 뉴스는 쉽게 구별할 수 없을 때도 있거든.

 **가짜 뉴스를 콕 집어내는 방법**

- **상식적으로 생각해 봐.** 머릿속에서 불현듯 이런 생각이 떠오를 때가 있을 거야. '이건 좀 이상한데?'라거나 '이게 진짜 사실일까?' 하는 의심이 생길 때 말이야. 그런 뉴스는 특별히 더 조심해야 해.
- **뉴스를 올린 사람이 누구인지 찾아서 확인해 봐.** 기사를 쓴 사람이나 영상을 만든 사람의 이름이 없다면 왜 없는지를 생각해 봐야 해. 사실이 아니어서 그런 걸지도 몰라.

- **뉴스를 본 뒤 기분이 어땠는지 생각해 봐.**
기사나 영상을 보고 슬프거나 화가 나거나 무서운
느낌마저 들었다면 그 이유를 고민해 봐. 영상을 보고 **언짢았니?** 무엇 때문에, 누구 때문에 그런 기분이 들었어?

가짜 뉴스는 사람들이 특정 인물이나 단체에 대해 안 좋은 감정을 갖게 만들 목적으로 유포될 때가 있어. 세계가 앓고 있는 문제의 책임을 특정 인물이나 단체에 떠넘기려고 가짜 뉴스를 사용하기도 하지. **'이게 사실일까?'** 그리고 **'이게 정당한 말인가?'**라고 묻고 스스로 점검해야 해.

- **뉴스에 사용된 사진이나 영상이 특정 장소, 특정 시간을 찍은 것이라면 단서를 찾아 확인해 봐.** 사진이나 영상을 오늘 아침에 찍었다고 했는데, 왜 이렇게 오래된 거 같고 흐릿하게 보이지? 런던에서 찍었다고 했는데 배경에 에펠 타워가 있는데? 이렇게 작은 단서들도 이 뉴스가 진짜인지 가짜인지 판단할 때 도움이 될 거야.

5. 가짜 뉴스 판별하기

가끔 어떤 뉴스는 사실을 전하는데도 가짜 뉴스처럼 보일 때가 있어. 누군가 지어낸 이야기 같은 일이 실제로 일어나기도 하니까. 그러면 가짜 뉴스와 진짜 뉴스를 구분하기가 더 어렵지.

지금부터 보여 주는 기사들은 사실일 수도 있고 아닐 수도 있어. 기사를 읽고 가짜 뉴스인지 진짜 뉴스인지 알아맞혀 봐. 기사마다 정답을 맨 아래에 뒤집어서 써 놓았으니까 네가 맞혔는지 확인해 봐.

곰 인형 납치범, 몸값으로 소시지 롤 요구

스코틀랜드 남서부에 있는 해안 마을인 아드로산의 주민들은 거리 화단에서 커다란 곰 인형을 훔쳐 달아난 사람을 추적 중이다.

아드로산에서 유명한 곰 인형인 레인보는 "웃음을 잃지 마요."라고 적힌 종이를 들고 있었다고 한다. 레인보가 아드로산에서 마지막으로 목격된 것은 지난 금요일 저녁이다.

곰 인형 납치범은 인형을 되찾으려면 몸값으로 소시지 롤 두 개를 가져오라고 요구하고 있다. 납치범이 마을 곳곳에 붙인 전단에는 "우리가 너희의 곰 인형, 레인보를 갖고 있다. 레인보를 다시 보고 싶다면 내일 오전 11시까지 두 번째 초록색 벤치로 소시지 롤 두 개를 가져와라."라고 쓰여 있다.

마을 주민들은 "납치범과는 협상하지 않겠다."면서도 레인보를 되찾기 위해 계속 추적할 것이라고 밝혔다.

가짜 뉴스? 진짜 뉴스?
기사를 판단하는 데 도움이 될 단서들

A. 기사에서는 곰 인형 레인보가 마을에서 꽤 유명하다고 했어. 그렇다면 레인보에 대한 기사를 온라인에서 찾아볼 수 있을 거야. 혹은 사진이 있을지도 몰라. 만약 네가 레인보에 대한 기사를 온라인에서 찾을 수 있다면 기사는 사실일 가능성이 높아.

B. 마을 주민들이 다 같이 합심해서 레인보를 찾으려고 하는 거 같아. 그렇다면 그 지역 신문사에서 레인보를 찾으려는 주민들을 인터뷰 했을 수 있어. 신문이나 신문 사이트에서 인터뷰 기사를 찾아낼 수 있다면 이 이야기가 사실인지에 대한 결정적인 단서를 얻게 될 거야.

정답: 진짜 뉴스야.

호놀룰루 가전제품 박람회 개막식 세탁기 합창단 무대 오른다

총 60대의 세탁기, 식기세척기, 전자레인지, 헤어드라이어, 진공청소기로 구성된 합창단이 미국 하와이주 호놀룰루에서 개최되는 2021년 가전제품 박람회의 개막식 공연을 한다.

세탁기 합창단 지휘자는 심란 산두로, 제1차 세계 대전에 참전했던 용사이자 시간제 가전제품 AS 엔지니어다. 산두는 어느 날 오후 기계 수리실에서 일을 하다가 놀라운 사실을 발견했다.

산두는 기계 속 부품인 지렛대와 도르래를 조금만 손보면 특정 순간에 정확히 전원을 켜고 끌 수 있다는 걸 알아냈다. 또한 전원을 끄고 켤 때 지렛대와 도르래가 작동하는 소리가 난다는 것도 발견했다. 산두는 이 소리가 브루노 마스의 노래 <업타운 핑크>와 놀랍도록 비슷하다고 느꼈다. 산두는 가전제품으로 음악을 연주할 수도 있겠다고 생각했고, 여러 차례 실험을 한 끝에 가전제품 연주에 성공했다고 밝혔다.

산두가 이끄는 세탁기 합창단의 레퍼토리는 이제 12곡으로 팝송과 클래식으로 구성되어 있다. 세탁기 합창단의 놀라운 공연은 유명인이나 정치인 사이에서 화제가 되었고, 전 세계에서 초청을 받아 공연을 선보였다. 대표적으로 1992년 영국 왕실 결혼식에서 모차르트의 피아노 협주곡을 연주했던 공연이 유명하다.

산두는 최근 캐나다 출신의 인기 가수 저스틴 비버가 발표한 새로운 싱글 앨범 <Gonna Wash You Outta My Hair>에 식기세척기 대여섯 대가 컬래버레이션을 한 곡이 실렸다고 말하기도 했다.

가짜 뉴스? 진짜 뉴스?
기사를 판단하는 데 도움이 될 단서들

A. 가전제품 박람회가 정말 있을까? 인터넷을 뒤져 보면 알 수 있지. 이런 행사는 전 세계에서 열리잖아. 하지만 2021년 호놀룰루에서 열리지는 않았어. 안타깝지. 박람회가 실제로 열렸더라면 진짜 끝내주는 뉴스였을 텐데!

B. 기사는 심란 산두가 제1차 세계 대전에서 싸웠던 참전 용사라고 했어. 만약 그게 사실이라면 산두는 백 살이 넘었어야 해. (네 주변에 그 나이와 거의 비슷한 분이 있을 수도 있지만) 그건 불가능하지. 이런 단서를 이용하면 이 기사를 믿을 수 있는지 없는지 판단할 수 있을 거야.

C. 저스틴 비버가 지금까지 발매한 음악 목록을 훑어봐. 그가 식기세척기들과 함께 〈Gonna Wash You Outta My Hair〉라는 노래를 정말로 발표했는지 알 수 있을 거야.

정답: 가짜 뉴스야.

'개 목줄 맨 남편은 개' 주장한 아내 벌금형

캐나다의 한 여성이 코로나바이러스 대유행 동안 사회적 거리 두기를 위해 제정된 규칙을 어겨 벌금형을 받았다.

캐나다 퀘백주의 중소 도시인 셔브룩에는 저녁 8시부터 새벽 5시까지 실내에 있어야 하는 야간 통행금지령이 내려졌다. 하지만 개를 데리고 산책하는 것은 허용되었다.

경찰이 저녁 8시 이후 길을 걷고 있던 한 부부를 체포하려 하자, 여성이 체포에 불응했다. 여성은 경찰에게 자신이 쥐고 있던 개 목걸이 줄이 남편에게 묶여 있는 걸 보여 주었다. 그러고는 남자가 그녀의 남편이 아니라 두 다리로 걷는 개라고 주장했다.

경찰은 이 여성의 진술을 믿지 않았고 규칙에 따라 부부에게 1,546달러, 즉 893파운드에 해당하는 벌금을 물렸다.

가짜 뉴스? 진짜 뉴스?
기사를 판단하는 데 도움이 될 단서들

A. 이 기사는 캐나다의 특정 도시 이름을 밝히고 있어. 지도에서 이 도시를 찾아 보자. 이 도시가 실제로 있니? 가짜 뉴스를 쓰는 사람들은 이런 구체적인 사항을 아예 확인도 하지 않을 때가 있어. 그러니까 그 도시가 진짜 있다면 아마도 기사는 사실일 가능성이 커.

B. 기사는 셔브룩 시민들이 집 밖에 나가면 안 되는 시간을 아주 정확히 밝히고 있어. 인터넷으로 검색해 보면 해당 도시가 이 시간에 통행을 금지했는지 금방 알아낼 수 있을 거야. 만약 통행 금지 시간을 공개하고 있지 않거나, 이런 통행금지 시간이 있었다는 증거를 찾을 수 없다면 의심을 해 보아야 해.

C. 기사의 마지막에 기자는 이 부부가 내야 할 벌금이 캐나다 달러로 얼마였는지 그리고 영국 파운드로는 얼마인지 적었어. 아주 구체적인 숫자지. 이건 기자가 취재를 철저히 했다는 걸 의미해. 1,546달러가 정말로 893파운드인지 확인해 봐. 이때 알아 둘 게 있어. 환율은 올라갔다 내려갔다 하니까 액수는 약간 달라질 수 있어. 하지만 차이가 아주 크지는 않고 거의 근접한 숫자가 나올 거야.

정답: 진짜 뉴스야.

"'바지를 입어라' 쓴 종이 없앴다" 남편이 아내 고소

미국 텍사스주 오스틴에 사는 한 남성이 그의 아내를 상대로 소송을 걸었다. 아내가 그의 침대 옆 탁자에 출근 전 바지를 입으라고 써 놓은 종이를 없애는 바람에 직장에서 해고되었다는 것이 이유다.

워싱턴주 시애틀의 프리덤 밸리 수족관에서 일하는 빌리 불도그 매시슨은 그의 아내 신디 불도그 매시슨이 침실을 정리하다가 그가 30년 동안 간직해 온 '살아라. 웃어라. 출근 전 바지를 입어라.'라고 써 놓은 종이를 버렸다고 주장했다.

문제의 그날, 아내 신디 불도그는 뉴욕에 사는 여동생 집에 가 있었다. 그래서 남편이 바지를 입지 않고 출근한 사실을 알지 못했다.

빌리 불도그는 법정에서 이렇게 말했다. "오후 3시에 상사가 저를 불러서 '베리, 자네 바지를 안 입고 있잖나!'라는 거예요. 내려다보니까 세상에 맙소사, 그 말이 맞더라고요!"

빌리 불도그는 해고당했고 그의 아내를 상대로 손해배상을 청구했다. 하지만 이 사건은 오늘 아침 기각되었다. 빌리 불도그가 또다시 바지 입는 걸 잊었기 때문이다. 그는 이전과 마찬가지로 아내를 탓했고 항소할 것으로 예상된다.

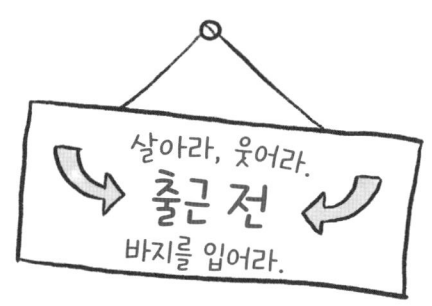

가짜 뉴스? 진짜 뉴스?
기사를 판단하는 데 도움이 될 단서들

A. 기사에 등장하는 남자의 이름은 빌리 불도그 매시슨이야. (납작한 코에 사나워 보이는 강아지 이름인 그 불도그가 맞아.) 그런데 아내의 이름까지 불도그일 가능성은 얼마나 될까? 서양에서 여성은 결혼하면 남편의 성을 따르지만 이름까지 바꾸지는 않아. 설령 진짜 여성의 이름이 불도그라 치더라도 한 지붕 아래 사는 두 명의 이름이 똑같이 불도그라고? 뭔가 좀 설정 티가 나지 않니?

B. 기사에 수족관의 이름과 위치가 나와 있어. 시애틀에 있다고 되어 있네. 과연 빌리 불도그 매시슨이 아침에 텍사스주 오스틴에서 일어나서 워싱턴주 시애틀로 3,400여 킬로미터를 이동해 출근했다가 다시 집으로 돌아올 수 있을까? 신빙성이 떨어지는 부분이야.

C. 기사는 중간에 빌리를 베리라고 하고 있어. 작은 실수도 척 보면 집어낼 수 있어야 해.

정답: 가짜 뉴스야.

사람이 한 번에 먹을 수 있는 핫도그의 최대 한계치, 드디어 과학적으로 밝혀지다!

과학자들이 이론적으로 한 사람이 한 번에 먹을 수 있는 핫도그의 최대 한계치는 정확히 84개라고 밝혀냈다.

2020년 현재 한번 앉은 자리에서 핫도그 많이 먹기의 세계 신기록 보유자는 조이 체스트넛이다. 그는 '네이슨 핫도그 먹기 대회'에 출전해 10분 동안 75개의 핫도그를 먹어 치웠다. 84개에서 9개가 모자라는 숫자다.

영국 왕립학회가 발행하는 학술지인 《생물학보(Biology Letters)》는 '장 용량'에 대해 연구한 논문을 실었다. 이 논문은 미국의 생리학자가 썼는데, 매년 열리는 '네이슨 핫도그 먹기 대회'의 39년간의 기록을 분석하여 인간의 위에 얼마나 많은 핫도그가 들어갈 수 있는지를 밝혀냈다.

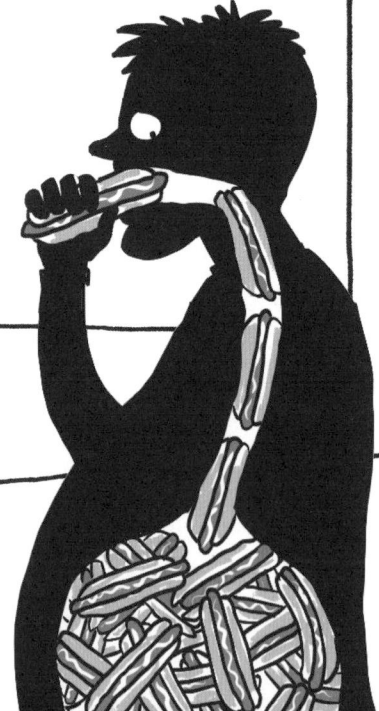

가짜 뉴스? 진짜 뉴스?
기사를 판단하는 데 도움이 될 단서들

A. 기사를 보면 조이 체스트넛이 이 놀라운 대회의 세계 신기록 보유자라고 나와 있어. 조금만 조사해도 이 말이 사실인지 금방 알아낼 수 있을 거야. 만약 조이가 진짜 세계 신기록 보유자라면 조용히 혼자만 알고 있지는 않을 테니까. 조이를 다룬 기사가 이미 있을 거야. 혹은 인터넷에 인터뷰한 기사가 올라와 있을 수도 있어.

B. 기사를 보면 자료의 출처가 있어. 기사가 진짜인지 가짜인지 알아내려고 할 때 아주 유용한 단서지. 《생물학보(Biology Letters)》를 검색해 봐. 만약 이 잡지가 권위 있는 학술지라면 진짜 뉴스일 가능성이 클 거야. 하지만 이 저널이 어느 10대 청소년의 침대에서 탄생했다거나 구독자가 세 명이라면 (편집자의 반려동물 친칠라를 포함해서 말이야.) 두 눈을 크게 뜨고 경계해야겠지.

C. 이 기사도 가전제품 박람회처럼 약간 수상쩍은 구석이 있어. 인터넷으로 확인해 봐. 핫도그 먹기 대회를 하는 동영상을 찾았니? 믿을 만한 사이트야? 대회에 나갔던 사람들을 인터뷰한 기사가 있니? 그렇다면 이 기사는 확실히 사실일 거야.

정답: 진짜 뉴스야!

가짜 뉴스 퀴즈

어떤 기사가 진짜이고 어떤 게 아닐까? 친구들에게 퀴즈를 내 보자. 친구들이 뭐가 진짜고 뭐가 가짜인지 알아낼 수 있을까?

신문, 잡지나 웹 사이트에서 읽었는데 낄낄 웃음이 나거나 **"이게 진짜 있었던 일이라니 믿을 수 없어!"** 하는 말이 절로 나오는 기사를 찾아 봐. 그런 다음, 네가 생각해서 직접 이야기를 지어 봐.

이상하고도 괴상한 이야기를 마음껏 지어내도 좋아. 가짜 뉴스를 지어 쓰는 게 힘들다면 이런 식으로 시작해 봐.

**도시 시장으로 코알라 선출한 호주,
투표권자들 "이건 우연한 실수"**

**설사약을 먹은 상태에서
엘리베이터에 14시간 갇혔다 구출된 남자,
"밖에 나와서 정말 기뻐요"**

정원 창고에 남편을
하룻밤 동안 가둬 둔 아내,
"도둑인 줄 알았다" 주장

이제 진짜 뉴스와 네가 쓴 가짜 뉴스를 친구에게 읽어 준 다음, 어떤 게 진짜인지 구별할 수 있는지 물어보자. 실제로 얼마나 많은 사람이 가짜 뉴스에 속아 넘어가는지 알면 깜짝 놀랄걸?

만약에 친구가 가짜 뉴스를 진짜라고 믿었다면 거짓임을 알 수 있는 단서를 한두 개 가르쳐 줘 봐. 그러면 다음 퀴즈에서 가짜 뉴스를 더 잘 구별해 내는 데 도움이 될 거야.

꼭 기억해!
이번만 가짜 뉴스를 쓰는 걸 허락해 주는 거야. 너의 장래 희망이 코미디언이나 개그 작가가 아니라면 말이야!

눈과 귀가 번쩍
놀라운 이야기

친구들과 함께 네가 사는 동네의 숲에서 숨바꼭질 놀이를 하는 중이라고 상상해 보자.

친구가 100부터 숫자를 거꾸로 세고 있어. 이제 너희는 모두 흩어져서 있는 힘껏 내달려 가장 좋아하는 장소에 숨는 거야.

큰일 났어! 친구들이 벌써 다 잡혔지 뭐야. 친구들이 외치는 소리가 나무 위로 넘실넘실 들려와. 술래가 가까이 왔어! 술래에게 잡힐세라 눈알을 빙글빙글 돌려 숨을 장소를 찾아 봤어.

저기다! 땅 위로 아름드리나무 뿌리가 드러나 있는 곳이야. 이끼가 낀 커다랗고 기다란 나무뿌리 틈으로 주욱 미끄러져 들어갔어. 옆에 있던 고사리 잎을 뜯어 몸을 가렸어. 그리고 숨죽여 기다렸지……

친구들의 목소리가 점점 멀어져. 술래는 네가 어디에 숨어 있는지 찾지 못한 거 같아. 숲속은 점점 더 조용해져 가.

가만있어 봐. 바닥에 뭔가 차가운 게 만져져. 뭔지 한번 확인해 볼까? 커다랗고 납작한 바위 같아. 지금까지 너는 이끼로 덮인 바위 위에 누워 있었던 거였어.

그런데 그냥 평범한 회색 돌이 아닌 거 같은데? 한번 자세히 보자. 표면에 아주 선명한 노란색의 무늬가 얼쑹덜쑹해. 반짝반짝하는 게……. 혹시 **금?**

이끼를 닦아 낼수록 네 입이 점점 벌어져. 바위에 금빛 조각들이 어마어마하게 박혀 있잖아. 아주 번쩍번쩍해.

이 바위 속에 들어 있는 게 정말 금일까? 이게 여기 있다는 걸 아는 사람이 있을까? 이건 얼마나 가치가 있을까?

짜잔!

이야기 잘 읽었지?
이제부터 네가 한번
취재에 나서 봐.

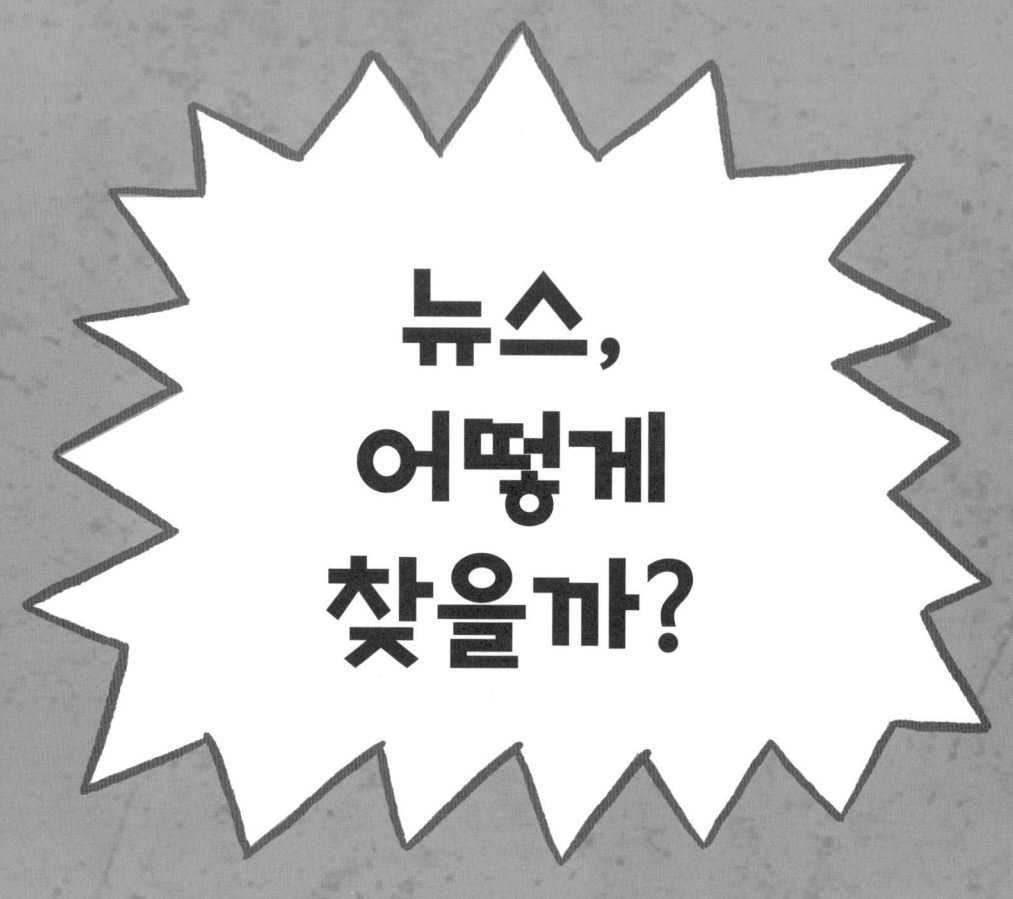

이제 너는 뉴스에 대해 알게 되었을 거야.
무엇이 뉴스가 되는지, 진짜 뉴스와 가짜 뉴스를 구분하는 방법도 배웠지.
이제는 기자가 뉴스를 만들고 전달하는 방법을 알아볼 차례야!

기자의 하루

'**진짜 뉴스**'를 찾는 기자에게 똑같은 하루란 없어. 눈코 뜰 새 없이 바쁘게 움직여 **진실**을 캐내는 기자의 하루를 보여 줄게.

오전 10:00 **보도국** 회의가 열리는 시간에 딱 맞춰 TV 방송국에 도착했어. **보도국장**은 꼭두새벽부터 나와서 오늘 밤 우리 뉴스 프로그램에 어떤 뉴스를 올릴지 정하는 중이야. 나는 노인들에게 전화를 걸어 은행 정보를 훔치는 보이스 피싱 사건을 맡았어. 오후 6시 30분에 방송될 2분짜리 TV 뉴스 **리포트**를 준비해야 해. 이제 시작해 볼까?

오전 10:30 전화를 돌려 **사례 조사**를 시작해. 보이스 피싱 피해를 당한 사람이나 보이스 피싱범의 수법에 대해 설명해 줄 사람을 찾는 거지.

오후 12:00 보이스 피싱범에게 피해를 당한 사람을 찾아냈어. 큰돈을 잃어서 화가 단단히 난 상태였지. 사람들이 같은 수법에 걸리지 않도록 기꺼이 인터뷰에 응하겠다고 했어.

오후 1:00 우리는 피해자의 집에 도착했어. 로버트라는 이름의 할아버지였어. 우리는 카메라, 조명, 마이크를 설치했지. 그리고 할아버지가 당한 일과 잃어버린 돈에 대해 인터뷰를 진행했어.

오후 2:00 할아버지의 집에서 출발해서 노인들이 사기를 당하지 않도록 보호하는 일을 하는 시민 단체 사무실로 향했어. 시민 단체의 대표를 만나 인터뷰했지. 시민 단체는 매년 노인 대상의 보이스 피싱 사건이 얼마나 일어나는지에 대한 통계 자료를 제공해 주었어.

오후 3:00 다시 방송국에 도착했어. 뉴스 프로그램에 내보낼 리포트 준비에 돌입했어. 인터뷰에서 가장 중요한 부분을 선택하고 기사를 쓰기 시작했어.

오후 3:30 기사가 준비되자 나는 녹음실에 들어가 기사를 읽고 녹음했어. 보이스 오버 작업을 한 거야.

오후 4:00 보도국의 그래픽 담당 부서에 갔어. 이 부서에는 숫자 자료를 그래픽 이미지로 만드는 엄청난 재능을 가진 사람들이 잔뜩 있지. 이들이 내가 시민 단체로부터 받은 통계 수치를 그래픽 이미지로 만들어 줄 거야. 그럼 시청자들에게 정보를 설명하는 데 도움이 되지.

오후 5:00 그래픽 마법사들이 그래픽 이미지를 보내왔어. 나는 이제 모든 자료를 통합하기 시작해. **보이스 오버, 인터뷰 클립, 스토크 쇼트와 그래픽** 등이야. 어느새 편집 기자가 뉴스 리포트를 보면서 방송에 나갈 준비가 됐는지 확인할 시간이야.

오후 6:00 편집 기자에게 전화가 왔어. 내가 사용한 통계가 좀 미심쩍다는 거야. **아이고, 맙소사!** 뉴스 프로그램 시작 시간은 30분밖에 남지 않았어. 나는 부랴부랴 시민 단체에 전화를 걸어 자료를 줬던 담당자에게 확인을 해 봐. 그런데 나한테 줬던 통계가 10년 전 거래! 담당자는 사과하면서 최신 통계를 다시 보내겠다고 했어. 어휴, 십년감수했네. 편집 기자가 사실과 숫자를 점검한 덕분이야. 하마터면 가짜 뉴스를 내보낼 뻔했어.

오후 6:27 나는 정확한 통계를 인용한 보이스 오버를 다시 녹음했어. 그리고 내 리포트에 넣었어. 편집 기자에게 전화를 걸어 리포트가 준비되었다고 전해. 준비가 안 됐으면 뉴스 프로그램에 큰 차질이 생겼을 거야.

오후 6:30 뉴스 프로그램이 방송에 나가. 내 리포트도 문제없이 방송되었어. 안도의 한숨을 크게 쉬었지.

오후 7:00 뉴스 프로그램이 끝나자 우리는 또 회의실에 모였어. 보도국장은 어떤 게 잘 됐는지, 어디에 문제가 있었는지 설명해. 이 과정을 '**디브리프**(debrief)'라고 해. 하루 일과 중 아주 중요한 부분이지.

오후 7:30 저녁을 먹고 자기 전에 뉴스를 볼까 고민해. 하지만 좀 쉬는 게 좋을 거 같아. 그래서 유튜브에서 내가 제일 좋아하는 채널의 에피소드를 세 개 봤어. (쉿, 보도국장한테 말하지 마. 내가 맨날 뉴스만 보는 줄 안단 말이야!)

1. 기자가 쓰는 글은 '기사'

기자는 작가와 비슷하다고 할 수 있어. 하지만 큰 차이점이 하나 있지. 기자는 엄청난 이야기를 지어내지 않아. 대신 사실이면서 엄청난 이야기를 찾아내지. 그리고 그걸 사람들에게 전해. 기자가 쓴 이야기 속 인물은 **실존하는 사람**이야. 기자가 알리는 영웅은 **진짜 영웅**이고, 악당은 진짜 살아 숨 쉬는 악당이야.

가끔 나는 욕조에 물을 받아 놓고 들어가서 진짜 괴상한 기사를 상상하기도 해. 예를 들면······.

대형 마트 통조림 진열대 앞에서
외계인 납치 사건 발생

또는

아흔여덟 살의 백발노인이
딸꾹질 치료법을 발견해
억만장자가 되다

난 상상 속에서 빠져나와 다시 세상을 둘러봐. 이럴 수가! 현실 세상에서도 특이하고 신기한 일이 일어나. 웃기거나 슬픈 일도 천태만상이고, 소름 끼치는 일도 있어. 현실의 이야기가 더 흥미진진한 거지. 그럼 뭐 하러 굳이 이야기를 지어내? 기자는 이런 이야기들 중에서 하나를 골라 기사로 쓰면 되는 거야. 그러니까 욕조에서 나와서 얼른 물기를 닦아. 내가 기삿거리를 찾고 뉴스를 만드는 흥미진진한 여정으로 데려가 줄 거니까.

우선 무엇보다 (가짜 뉴스가 아니라) 진짜 뉴스를 만들고 싶다면 다음 5계명을 기억해야 해, **꼬옥 꼭!**

'진짜 뉴스' 기자 5계명

1. 진실을 말하라. 우리가 평상시에 아무렇게나 하는 터무니없는 말들을 걷어 낼 수 있어야 해. 그래야 진실을 찾을 수 있어. 가끔 진실이라는 건 세계 바늘 전시회에 참가하러 가는 대형 트럭에 가득 실린 바늘 상자들 속의 바늘 하나와 같아. 한마디로 찾기가 힘들다는 거야. 진실을 찾기가 쉽다면 이렇게 흥미로운 일을 왜 모든 사람이 발 벗고 나서서 하지 않겠어. 어쩌면 (내가 세계 바늘 전시회에서 잃어버린 바늘처럼) 진실은 끝까지 밝혀지지 않을 수도 있어. 하지만 진정한 기자라면 최선을 다하지.

2. 공정하라. "모든 이야기는 양쪽을 다 들어 봐야 해."라는 말을 들어 봤을 거야. 공정하다는 건 양쪽의 입장을 모두 듣는다는 뜻이야. 어떤 이야기는 세 명, 열 명, 그 이상의 입장을 들어야 할 수도 있어. 그러나 모든 사람의 입장을 다 말해 줄 필요는 없어. 훌륭한 기자는 중요하다고 생각되는 입장을 보도하지. 이건 나중에 다시 설명해 줄게.

3. 안전하게 일하라. 진짜 뉴스를 쫓다 보면 종종 흥미로운 장소에 가게 되고 굉장한 사람들과 얘기할 기회도 생겨. 하지만 집회, 공사장, 사고 현장처럼 위험한 곳에 갈 때도 있고, 위험한 사람을 만날 때도 있어. 하지만 어떤 경우에도 기자는 자기 자신이나 다른 사람을 위험에 빠뜨릴 수 있는 일은 절대 해서는 안 돼!

4. 호기심을 가져라. 우리 주변에는 기삿거리가 널리고 널렸어. 이 책을 내려놓고 잠깐 밖에 나가서 걸어 볼래? 장담하건대 좋은 기사가 될 만한 사람이나 장소, 물건 등이 셀 수도 없이 많을걸. 신박한 기사를 쓰려면 호기심을 갖는 게 중요해. 질문을 무지막지하게 많이 던지다 보면 진짜 새롭고 놀라운 기삿거리를 얻을 수 있어.

5. 친절히 대하라. 사람들에게 상냥해야 해. 온라인이든, 전화 통화를 하든, 진짜 만날 때든 말이야. 기사 속에는 언제나 사람들이 있어. 모든 기사는 누군가에게 중요한 의미가 있고, 기사에 언급된 사람들은 실제로 존재해. 기자는 내가 만났던 사람들 중 가장 친절한 사람이었어.

저널리스트 명예의 전당

마리 콜빈

마리 콜빈은 바로 알아볼 수 있어. 마리는 안대를 쓴 걸로 유명하거든. 마리가 스리랑카 내전을 보도하다가 한쪽 눈을 잃게 되었다는 것도 잘 알려져 있지.

마리는 미국 뉴욕에서 태어났고, 대학 신문에 기사를 쓰면서 저널리스트의 길을 걷기 시작했어. 워싱턴, 프랑스 파리에서 일하다가 1985년부터 서아시아와 아프리카 국가들에서 벌어지는 전쟁을 보도했어.

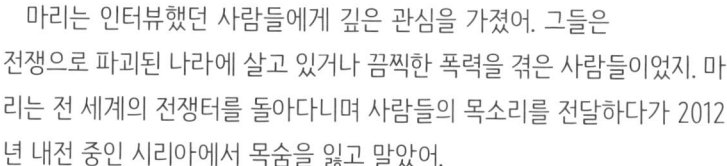

마리는 인터뷰했던 사람들에게 깊은 관심을 가졌어. 그들은 전쟁으로 파괴된 나라에 살고 있거나 끔찍한 폭력을 겪은 사람들이었지. 마리는 전 세계의 전쟁터를 돌아다니며 사람들의 목소리를 전달하다가 2012년 내전 중인 시리아에서 목숨을 잃고 말았어.

> "마리는 자신의 직업에 헌신했던 아이입니다.
> 자신이 본 일들을 말하고 쓰는 것이 중요하다고 믿었지요.
> 그리고 그것을 전 세계에 알렸지요.
> 그게 그 애의 인생이었어요."
> – 로즈마리 콜빈, 마리 콜빈의 엄마

2. 기사는 어디에나 있어!

창밖을 한번 내다볼래? 만약 밖에 있다면 창문을 하나 찾아서 들여다봐. (들키지 않도록 조심해!) 바로 거기에 기사가 있을 거야. 기사는 어디에나 있거든. 엄청난 액션이 난무하고 눈이 튀어나오고 입이 떡 벌어지는 이야기가 아닐지라도 기사가 될 수 있어.

평범한 하루를 예로 들어 보자. 어느 날 오후, 네가 집에서 수학 숙제를 하고 있었어. 그런데 옆집에 사는 카밀라가 잔뜩 겁에 질린 얼굴로 부엌 창문을 똑똑 두드리는 거야. 넌 얼른 일어나서 (숙제를 그만둘 좋은 핑계잖아. 그렇지?) 창문을 열었어.

"오늘 티블스 봤니?"

카밀라가 소리를 지르네. 그런데 카밀라 머리에 헤어롤이 달려 있고 아직 훤한 낮인데 잠옷을 입고 있어. 평소와 너무 다른걸.

"응? 누구?"

너는 창문 밖으로 얼굴을 더 내밀며 물었어.

"티블스, 우리 집 고양이 말이야! 어디 갔는지 찾을 수가 없어."

카밀라가 발을 동동 구르며 걱정해.

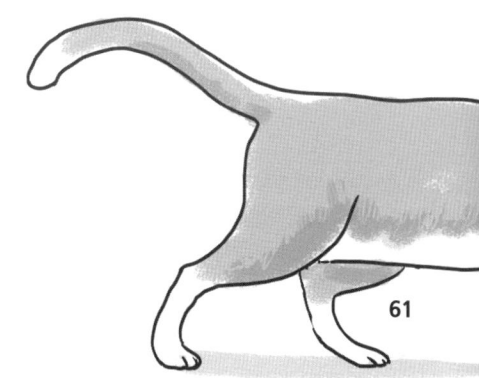

아, 이제 기억났어. 티블스는 눈이 하나밖에 없는 커다란 고양이야. 그리고 사람을 잘 따르기 때문에 개냥이 대회에 나간다면 분명 1등을 할 고양이야. 뭐, 그런 대회가 있다면 말이야.

"아니. 못 봤는데."

그 말에 카밀라는 비명을 지르더니 헐레벌떡 이웃집으로 뛰어갔어.

너는 카밀라의 뒷모습을 지켜보다가 창문을 꼭 닫았지. 다시 수학 숙제를 하려고 했지만, 티블스가 머리에서 떠나지 않아.

보통 사람들은 이렇게 생각할 거야.

'가여운 티블스!'

기자는 이렇게 생각하지.

'가여운 티블스! **이게 기사가 될 수 있을까?**'

"**말도 안 돼!**" 책을 읽다가 이렇게 소리치는 네 모습이 뻔히 보여. "그냥 고양이를 잃어버린 것뿐이잖아." 너는 화장실로 달려가 이 책을 변기에 버리려고 할지도 몰라. (이런 시도는 하지 않는 게 좋아. 다른 애들이 해 봤는데, 물이 안 내려간다네?) 하지만 한번 생각해 봐. 기사가 될 만한 이야기가 무엇일까? 어떤 이야기가 기사가 되려면 사람들에게 중요한 일이어야 해.

지금 너는 이렇게 생각할 거야. '도도한 고양이 한 마리가 없어졌다고 누가 신경이나 쓰겠어?' 고양이는 이런저런 이유로 곧잘 없어지곤 하잖아. 하지만 티블스를 아는 동네 이웃이라면, 그 고양이한테 무슨 일이 생긴 건 아닐지 걱정할 거야. 고양이를 키우는 사람도 있으니까.

여기서 한 걸음 더 나아가 봐. 고양이가 사라지는 일이 **특이한가?** 매년 동네에서 고양이가 열 마리도 넘게 사라지니? 나라 전체에서는? 다른 대륙에서는? 전 세계적으로는? 어쩌면 말이야, 아직도 어디로 사라졌는지 모르는 **수천** 혹은 **수백만** 마리의 고양이 주인들이 있을 수도 있어.

바로 그때 이런 질문을 던지기 시작해야 해.

'왜 이렇게 고양이가 많이 사라질까?'

'반려동물에게 이런 일이 일어나지 않도록 할 방법은 없을까?'

'요새 사라지는 고양이 수는 이전보다 늘었을까, 줄었을까?'

'이렇게 사라진 고양이를 찾아내는 일은 누가 하는 거지?'

'고양이에게 진짜로 문제가 생긴 걸까, 그냥 기분 전환이나 하려고 사라진 걸까?'

전부 정말 좋은 질문들이야. 그리고 이 질문들에 대한 답을 찾으려고 한다면······.

너는 지금 기자처럼 생각하고 있는 거야!

3. 기삿거리 정하는 방법

자, 네가 뉴스 기사를 쓰고 싶단 말이지. 하지만 그 기삿거리가 소중한 시간을 투자할 만큼 중요한지 아닌지 어떻게 판단하지? 다행히도 그걸 결정할 수 있는 무지막지하게 간단한 방법이 있어.

이것만 확인하면 돼.

그게 사실이야?

그게 새로운 이야기야?

누군가에게 중요해?

1. 그게 사실이야?

어떤 이야기를 들었을 때 제일 먼저 떠올려야 할 질문이야. 이야기가 사실이 아니라면, 그건 기삿거리가 아니야! 어떤 사람들은 허무맹랑한 얘기를 진지하게 해. 예를 들면, 집 근처 연못에 사람을 잡아먹는 무시무시한 대형 송어가 산다는 얘기 같은 거 말이야. 그게 사실이라면 정말 충격적인 뉴스가 될 거야. 하지만 그건 사실이 아니겠지. 보통의 송어보다 좀 큰 송어가 사는데, 그렇게만 말하면 심심하니까 MSG를 친 거지. 그 송어가 알면 억울할걸? "난 조금 큰 것뿐이라고요!" 하고 말이야.

2. 그게 새로운 이야기야?

네가 대단한 얘기를 듣게 되었다고 상상해 보자.

영어 선생님이 '삶은 달걀 많이 먹기 대회'에서 세계 신기록을 세운 거야. 한 번에 208개를 먹은 거지! 선생님은 학교 건물에 지붕을 새로 올리기 위한 기금을 모으려고 대회에 참여했고 덕분에 지금 지붕이 올라가고 있어. 우아, 대단하고 훌륭한 선생님이야.

너는 선생님이 달걀을 먹는 영상과 우승 소감을 말하는 영상도 봤어. 그러니까 이건 사실이지. 하지만 이 이야기가 새로운가? 선생님의 이름을 구글에 쳐 봐. 아, 이런……. 선생님이 대회에 나가서 산처럼 쌓인 달걀을 먹은 게 3주 전이었어. 지역 신문 몇 곳하고 라디오 방송국하고도 이미 인터뷰를 진행했네. 선생님이 삶은 달걀을 입에 쑤셔 넣는 기막히게 멋진 사진이 SNS에도 올라가 있어.

이 이야기는 사실이지만, 새롭지 않아. 사람들이 이미 다 아는 사실을 네가 또 기사로 쓴다면 그걸 누가 읽겠니? 잊지 마. 우리가 '뉴스'라고 하는 데는 이유가 있어. 기사는 항상 **새로운** 소식이어야 해.

3. 누군가에게 중요해?

사실이기도 하고 새롭기도 한 기삿거리를 찾았다고 치자. 그러면 이제 마지막으로 해야 할 질문은 이거야. '이 기사가 누군가에게 중요한 일인가?' 바로 이 질문이 네 기사가 시청자, 청취자, 독자에게 흥미를 끌 수 있느냐 아니냐를 결정해. 사건이 일어난 장소는 어디인지, 이 사건으로 인해 얼마나 많은 사람들이 영향을 받을지, 그들은 누구인지 생각해 봐.

기사에 영향을 받을 사람이 많을수록 사건의 규모가 큰 거야. 네 할머니가 의치를 잃어버렸어. 물론 이것도 큰 사건이지. 하지만 그건 네 할머니에게만 일어난 개인적인 사건일 뿐이야. 만약 할머니 한 명이 아니라 수백 명이 모두 의치를 잃어버렸다면? 그래서 모두들 잇몸을 드러내고 좀비처럼 동네를 흐느적흐느적 돌아다닌다면 훨씬 규모가 큰 사건이고, 다뤄야 할 기삿거리가 되겠지.

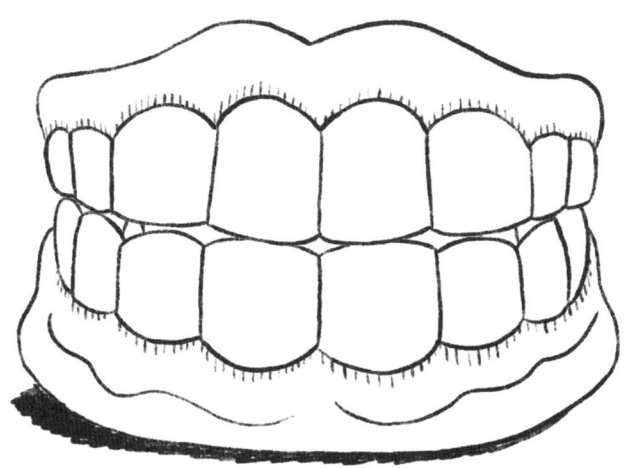

독자들은 대개 자기 집 근처에서 일어난 사건에 더 관심을 가져. 동네에 자전거 도둑이 활개를 친다든지, 너구리 가족이 공원에 출현했다든지 하는 사건 말이야. 사건이 동네에서 일어났으니까 자전거가 있다면 보관에 더 신경 써야 하고, 공원에 갔다가 너구리 가족을 만나면 어떻게 대처해야 할지 알아 둬야 하잖아. 자신한테도 일어날 수 있는 일이라서 관심을 갖는 거지.

독자들에게 가장 흥미로운 기사는 독자가 사는 곳과 가까운 곳에서 일어난 사건, 그리고 **많은 사람에게 영향을 끼치는 사건**에 대한 기사야. 가장 흥미가 떨어지는 기사는 멀리 떨어진 곳에서 일어난 사건, 그리고 영향을 받는 사람이 거의 없는 사건에 대한 기사지.

뭔가 헷갈린다고? 먼 곳에서 일어났지만, 영향을 받는 사람이 많아서 흥미로운 기사가 될 수 있지 않느냐고? 한번 생각해 봐. 지금 네가 사는 나라와 엄청나게 멀리 떨어져 있는 나라에서 엄청나게 큰 일이 벌어졌어. 그런데 너는 아마 먼 산 보듯 하고 있을 거야. 실감이 안 나니까 관심도 금방 사그라들지. 이제 조금 이해가 되니?

독자가 가장 흥미를 가질 기사가 어떤 건지 네가 이해했는지 한번 확인해 볼게. 네가 영국 머드포드 지역의 온라인 뉴스 업체인 '머드포드 버즈'에서 수습기자로 일하고 있다고 가정해 보자. 제보 전화 네 통을 받았어. 전화를 건 사람들은 전부 네가 반드시 이 이야기를 다뤄야 한다고 주장해. 어떤 이야기가 가장 좋은 기사가 될 수 있는지 읽어 봐.

읽기 전에 잠깐! ***가짜 뉴스 경보*** 쉿! 다음 전화 제보 예시들은 내가 다 지어낸 거야.

전화 제보 1

진짜 기가 막힌 사건이 벌어졌어요!
일본의 아오야마 동물원으로 가던 트럭이
고속도로에서 뒤집혔지 뭐예요. 그래서 트럭에 실려
있던 야생 동물들이 도쿄 중심가를 휘젓고 있어요!
코끼리가 자동차를 뒤집어 놓고, 사자가 학생들을
쫓고 있고, 원숭이가 버스를 운전하고 있다고요!
아주 난리가 났어요!

전화 제보 2

여보세요. 나는 머드포드 시장인데요.
어젯밤에 매년 열리는 소규모, 아니 아주 완전히
소규모는 아니고, 어쨌든 내가 현악기 콘서트를 준비하느라고
서재에서 비올라 연습 중이었는데요. 아니, 웬 새끼 쥐 한 마리가 방문
밑으로 쪼르르 지나가잖아요. 내가 아주 그냥 집이 무너져라 소리를 크게
질렀지요. 그러고는 얼른 비올라를 들고 쫓아갔지요. 그 쥐를 잡으려고
작은, 아니 그리 작지는 않은 비올라를 몇 번 휘둘렀어요. 아,
그랬더니 비올라가 산산조각이 나 버렸지 뭡니까. 그런데
쥐도 못 잡았어요. 그 약삭빠른 쥐가
도망쳤다고요!

전화 제보 3

여보세요. 들리시죠? 저는 남아프리카의 모잠비크에서 전화하고 있어요. 제가 방금 어떤 얘기를 들었는데 '머드포드 버즈'가 관심이 있을 거 같아서요. 치쿠알라쿠알라에 사는 어떤 여자가 어젯밤에 몽유병으로 걸어 다니다가 파블로바라는 디저트 케이크를 만들었다지 뭐예요. 깨어 보니 부엌에 서 있더래요. 머랭을 쳐서 단단히 뿔을 만들고 가스 불에 딸기 잼을 끓이고 있더랍니다.

전화 제보 4

안녕하세요! 저는 히로시 기타마루라고 합니다. 머드포드에서 수의사로 일하고 있어요. 진료 중에 약간 혼동이 있었어요. 지난주에 대략 개 200마리를 진찰했는데요. 강아지들에게 늘 주던 간식을 주지 않고 실수로 새로 나온 좀비 비스킷이라는 강아지용 비스킷을 준 거 같아요. 그런데 안타깝게도 많은 강아지들에게 부작용이 일어났어요. 다들 사람을 잡아먹는 사나운 괴물로 변했지 뭡니까. 지금쯤 아마 주인을 산 채로 잡아먹고 있을지도 몰라요. 신문사에서 아셔야 할 거 같아서요. 그럼, 감사합니다. 이만 끊을게요!

으하하!

다 터무니없다고?

다 내가 지어낸 가짜 뉴스라고 했잖아. (넌 절대 따라 하면 안 돼.) 이 전화 제보들을 독자에게 미치는 영향과 사건이 일어난 장소와의 거리를 중심으로 따져 보자. (네가 영국에 있다 생각해.)

적은 수의 사람에게 영향을 끼치고 네가 사는 곳과 가까운 곳에서 벌어진 사건 이야기는……. **제보 2번이야.**

많은 사람에게 영향을 끼치지만 네가 사는 곳과 멀리 떨어진 곳에서 벌어진 사건 이야기는……. **제보 1번이야.**

적은 사람에게 영향을 미치고 네가 사는 곳과 멀리 떨어진 곳에서 벌어진 사건 이야기는……. **제보 3번이야.**

가장 **많은** 사람에게 영향을 미치고 네가 사는 곳과 **아주 가까운** 곳에서 일어난 사건 이야기는……. 그래, **제보 4번이야.**

사람들이 전화 제보를 해 준 이야기 중에서 기사를 쓴다면 제보 4번 이야기를 써야 해. **바로 그 이야기**가 '머드포드 버즈'의 독자들에게 가장 흥미를 끌 기삿거리거든.

내가 만들어 낸 또 다른 예를 들어 볼게. *가짜 뉴스 경보* 네가 점심(물론 맛있는 장어 젤리 타르트지!)을 먹고 책상에 다시 앉았어. 받은 편지함에 이메일 네 통이 와 있어. 모두 네가 기사를 써 주기를 바라는 사람들이 보낸 이메일이었지. 이 중 어떤 기사를 '머드포드 버즈' 1면에 내야 할 거 같아?

이메일 제보 ①

양배추 난장판!
보낸 사람 에밋 펜서리

안녕하십니까?

저는 스웨덴의 작은 마을, 룰레오에서 휴가를 보내는 중입니다. 여기 양배추 공장에서 무지막지하게 큰 폭발이 있었어요. 온갖 크기의 불타는 양배추들이 하늘에서 비처럼 쏟아졌다니까요. 자동차 앞 유리가 깨지고 인도도 망가지고 완전히 아수라장이 됐습니다.

특히 유난히 커다란 양배추가 중심가에 쾅 떨어졌어요. 그때 수학여행을 온 학생들이 있었는데 아슬아슬하게 비켜 떨어졌죠. 양배추는 바닥에 커다란 구멍을 냈는데, 연기가 펄썩펄썩 일더라고요.

다행히도 다친 사람은 아무도 없었습니다. 이번 사건은 이 마을에서 일어난 사건 중 가장 큰 사건일 겁니다. 마을에서는 벌써 '룰레오의 양배추 대재앙'이라고 부르고 있어요.

더 자세한 이야기를 듣고 싶으면 말만 하세요.

| 믿기 힘든 뉴스가 있어요! | **이메일 제보 2** |

보낸 사람 콜린 딩

안녕하세요?

저는 20년이 넘도록 슈퍼 세이버 머드포드 지점을 이용해 온 사람입니다. 저는 몇 주 전에 슈퍼 세이버 계산대 직원 중에 '베브'라는 이름표를 달고 있는 여성을 보게 되었습니다. 그런데 이 여성이 로큰롤의 전설이자 '골반 춤'으로 유명했던 엘비스 프레슬리와 놀랍도록 닮았더라고요.

엘비스는 죽은 지 오래됐으니 처음에는 제가 잘못 본 거라고 여겼죠. 그런데 어제 슈퍼 세이버에서 장을 보고 계산할 때였어요. 정어리 통조림, 두루마리 휴지, 레모네이드를 샀는데, 베브가 계산을 해 주면서 레모네이드 병뚜껑을 열 때 조심하라고 하는 거예요. "많이 흔들렸다(All shook up)."면서요. 저는 그 말을 듣자마자 엘비스의 히트곡 〈전부 흔들렸어(All shook up)〉가 떠올랐죠. 저도 모르게 그 노래를 흥얼거렸어요. 그랬더니 베브가 깜짝 놀라서 조개처럼 입을 꽉 다물더라고요.

베브는 결국 자신은 사실 베브가 아니고 엘비스라고 털어놓았답니다. 세상의 지나친 관심과 연예인 생활에 물린 나머지 1977년에 죽은 걸로 위장했다고 하네요. 그리고 몰래 영국으로 건너왔고, 중년의 여성으로 변장해서 슈퍼 세이버 머드포드 지점에 취직했다는 겁니다. 지금 생활이 새롭고 신난다고 하더군요. 매주 수요일 밤에는 무슨 일이 있어도 머드포드 빙고 행사에 가고 꽃꽂이 모임에도 활발히 참여한대요.

저한테 제발 자신의 비밀을 발설하지 말아 달라고 간곡히 부탁했어요. 심지어 슈퍼 세이버 10파운드짜리 상품권까지 선물로 주더라고요. 하지만 전 거절했어요. 세상 사람들이 알아야 해요. 엘비스는 죽지 않았다는 사실을요. 그는 지금 머드포드에서 쉰한 살의 베브 처들리로 살아가고 있다고요!

채식주의자의 실수와 좌절

이메일 제보 3

보낸 사람 비사 사디쿠

안녕하세요?

관심을 가지실 만한 기삿거리를 알려 드리고 싶습니다.

제 조카가 독일에서 막 돌아왔는데요. 조카가 자기와 가장 친한 친구의 할머니인 프라우 우르술라 드레퓌스에 대한 놀라운 이야기를 전해 주었어요.

할머니는 며칠 전 아침에 일어나서 달걀프라이와 토스트로 푸짐하게 식사를 했대요. 기분이 좋았던 할머니는 곧 좌절하게 되는데, 자신이 실수로 남편의 의치를 꼈다는 걸 깨달았기 때문이에요. 할머니는 식사 후 늘 의치를 세척하는데, 뒤쪽 어금니에서 쪼그만 베이컨 조각을 빼내고 나서야 의치를 잘못 꼈다는 사실을 알았다네요. 드레퓌스 할머니는 채식주의자거든요.

독일에 사는 채식주의자 할머니의 의치 이야기를 쓰고 싶다면 연락 주세요. 조카를 통해 더 알아봐 드릴게요.

요거트 대참사!

보낸 사람 셰브타 세콘

이메일 제보 4

안녕하세요?

저는 방금 머드포드의 성 비비안 교회에서 진행했던 캐럴 음악회에서 돌아왔습니다. 머드포드 버즈 신문사 건물을 돌면 바로 있는 교회죠.

캐럴 음악회는 아주 좋았습니다. 워드 부인의 〈산타 베이비〉 공연은 정말 따뜻한 느낌이었죠. 문제는 음악회가 끝나고 일어났습니다. 집으로 가려고 자리에서 일어선 저는 치마가 축축하게 젖은 걸 깨달았어요.

어떤 이기적인 사람이 먹고 남은 복숭아 요거트를 교회 의자에 놔뒀던 거예요. 어쩌다 제가 그걸 깔고 앉았고요. 어쩌면 이렇게 남을 배려하지 않을 수 있는지 진짜 화가 머리끝까지 나더라고요.

제 생각에 범인은 앳킨슨 부인인 거 같아요. 교회 예배 중에 요거트랑 빵, 심지어 로스트 치킨까지 먹는 습관이 있거든요.

기자님이 이 사건에 관해 기사를 써 주시면 안 될까요? 범행을 저지르는 앳킨슨 부인을 잡기 위해 카메라도 몰래 설치하고요.

제가 뭐라도 도울 일이 있다면 편하게 연락해 주세요.

감사합니다.

꼭 기억해. 어떤 이야기를 기사로 낼 것인지는 그 사건이 많은 사람에게 영향을 끼치는지 그리고 독자가 사는 곳과 가까운 곳에서 일어났는지를 살펴서 결정해. 이 이메일 제보들 중에서는 머드포드에 엘비스가 살고 있다는 제보 2번이지. 머드포드 사람들이 알면 깜짝 놀랄 소식이잖아.

기자는 독자가 관심을 보일 법한 이야기를 골라내야 할 때 이렇게 간단한 방법을 사용해. 독자에게 그다지 중요하지 않은 이야기를 가려낼 때도 사용하지.

모든 기사는 중요해. 하지만 기자와 편집 기자에게 시간과 공간이 무한정 있는 건 아니잖아. 가장 흥미로운 기삿거리를 골라내는 능력은 기자가 가져야 할 가장 중요한 능력이야.

4. 톱라인과 헤드라인

기자가 입에 달고 사는 단어가 '톱라인'과 '헤드라인'이야. 뜻은 비슷하지만 의미가 약간 달라.

톱라인과 헤드라인 모두 기사를 짧은 문장으로 요약해서 쓴 거야. 예를 들면 이 책의 뒤표지에 쓰인 책 소개 글이라든가, 다이너마이트 상자에 **위험**이라고 쓴 경고 문구 같은 거야. 뒤표지 글을 읽으면 책을 펼쳐 보지 않고도 핵심 내용을 알 수 있고, 경고 문구를 보면 상자를 힘껏 열어젖혔다가는 산산조각이 날 것을 단번에 알 수 있지.

톱라인과 헤드라인의 가장 큰 차이점은 두 단어가 언제 쓰이는지 그리고 누구를 위해 쓰는지가 다르다는 거야.

톱라인

일단 산불처럼 전 세계에 알릴 만한 놀라운 기삿거리를 찾아냈다면 바로 그때가 톱라인을 써야 할 때야. 톱라인은 보도국이나 편집국의 대장에게 뉴스를 웹 사이트에 올리라고 또는 뉴스 프로그램에 방송하라거나 신문 1면을 장식하라고 설득하는 짧은 글이야.

톱라인은 뉴스 대장이 달콤쫀득한 도넛을 툭 떨어뜨리면서 이렇게 소리를 지를 만큼 날카롭고 뜨거워야 해.

"지금까지 보도했던 기사 중 제일 큰 기사야."

"이 기사가 뜨면 우리 사이트가 완전히 마비될 거야!"

대장들이 흥분해서 팔짝팔짝 뛸 톱라인은 이런 거야. (예는 예일 뿐! 실제 사건이 아니니까 진짜라고 믿지 마.)

**학교 운동장 바닥에서
고대 우주선의 잔해가 발견되다**

또는

**공중 곡예사가 서커스 공연을 하던 중
여덟 쌍둥이를 출산하다**

톱라인은 이야기의 **핵심**을 완전히 **꾹꾹** 눌러 짜서 한 문장으로 만든 거야. 그래서 사람들에게 기사를 읽고 싶은 마음이 불끈 생기게 만드는 거지. (특히나 공중 곡예사의 남편은 얼마나 읽고 싶겠니?)

같은 이야기라도 톱라인을 잘못 쓰면 진짜 지루한 이야기가 돼. 예를 들어 볼게.

> 지난주에 아이들이 학교 운동장에 수국을 심었다. 그런데 앨리슨의 삽이 무언가 딱딱한 것에 부딪쳤다. 아이들은 흙을 파헤쳐 보았다. 선생님은 고고학회에 연락했고 전문가들이 학교에 도착했다. 조사 결과 아이들이 오래된 우주선과 비슷한 유물을 발견한 것으로 드러났다. 정말 대단하지 않은가.

혹은

> **동네의 한 여자가 주말에 출산했다.**

같은 이야기를 톱라인만 바꾼 건데, 너무 다르지? 뉴스 대장은 이 톱라인을 보다가 입이 찢어지게 하품을 했을 거야. 어쩌면 바빠서 건너뛰었을 수도 있고. 놀라운 뉴스가 될 수 있었던 이야기가 잘못 쓴 톱라인 하나 때문에 묻히게 되는 거지.

잘 쓴 톱라인은 횡설수설하지 않고, 애매모호한 단어를 쓰지 않아. 그리고 뉴스 대장과 편집 기자가 그 사건에 대해 더 알고 싶다는 마음이 들게 만들어. 뉴스 대장에게 좋은 기삿거리를 잡았다고 얘기하면, 이 말이 가장 먼저 날아올 거야.

"톱라인 보내 봐!"

톱라인 쓰기

종이를 한 장 꺼내서 다음 두 기사의 톱라인을 직접 써 봐.

①

파비아나 몬테크리스토 의사는 뇌 수술을 신속하게 해내기로 유명하다. 2년 전에는 하루에 뇌 수술을 26회나 집도한 신기록을 세웠다. 어제 파비아나는 머드포드의 시장인 펄리시티 콜터의 수술을 집도했다. 수술에서 깨어난 펄리시티 시장은 이제 중국어를 말할 수 있게 되었다. 파비아나는 언젠가는 세 건의 뇌 수술을 동시에 진행해 보고 싶다는 소망을 밝혔다. 그러니 우리 모두 지켜보자!

②

어젯밤 머드포드 교구회 선거가 열렸다. 22명이라는 엄청난 수의 투표자 덕에 드디어 의원이 새로 선출되었다. 마을 회관에서 전 평의회 회장인 퍼거스 벨브데레가 누군가 던진 썩은 달걀에 맞는 작은 소란이 있었지만, 선거는 별 탈 없이 진행되었다. 누어 살림이 3년 연속 의장으로 선출되었다. 조이 존슨은 회계 담당자로 뽑혔다. 백한 살의 바텍 도마라카는 서기로 선출되었다. 그런데 이 소식에 그는 너무 흥분한 나머지 그 자리에서 심장 마비를 일으켜 머드포드 병원으로 항공 이송되었다.

헤드라인

헤드라인은 톱라인처럼 핵심을 담지만, 독자 혹은 시청자가 직접 보게 된다는 점이 달라. 헤드라인은 시선을 확 끄는 단어를 사용해. 그래서 기사를 더 읽고 싶게 하지. 헤드라인을 쓰는 건 재밌는 작업이기도 해. 기발하고 재치 있게 표현을 해 볼 기회니까.

헤드라인은 **한 방**이 있어야 해. 기사 위에 크게 올라가니까 그럴 만한 무게가 있어야지. 하지만 공간이 제한되어 있으니까 시선을 확 잡으면서도 짧고 분명해야 해.

내가 좋아하는 헤드라인을 소개해 볼게. 신문에 실제로 나왔던 헤드라인이야.

교황 베네딕토 16세가 실은 탄산음료인 환타 중독자라는 신문 기사였어.

보글보글 교황

스타벅스 전 회장 하워드 슐츠가 대통령 출마를
고려 중이라고 발표했을 때였어.

하워드 슐츠, 라떼 한 잔 들고 정치판에 뛰어들까

스코틀랜드 축구팀 케일리 시슬이 셀틱을
완파했던 날이었어.

'펄펄' 난 슈퍼 케일리, 셀틱에게는 '악몽'

가발을 훔친 남자가
감옥에 갇혔다가
풀려난 사건이
있었어.

가발 훔친 남자, 부분 가발만큼 죗값 받고 풀려나

헤드라인은 무조건 사람들의 눈을 끌어야 해. 하지만 눈을 끌겠다는 의욕만 앞서서 깊이 생각하지 않고 헤드라인을 지었다가는 실수를 저지를 수 있어. 아래 예시들은 **실제로** 신문에 실렸던 헤드라인이야.

살인 사건의 피해자들이 경찰에게 거의 입을 열지 않다

살인을 당했는데 어떻게 입을 열어? 당연히 말도 안 돼.

무덤 속에는 죽은 사람들이 있지 산 사람이 있을 리 없잖아.

죽은 남자, 무덤에서 발견!

한 팔만 있는 남자, 친절을 베푼 이에게 박수를 보내다

박수는 두 팔이 있어야 칠 수 있지.

헤드라인 쓰기

이번에는 실제로 보도됐던 기사를 줄게. 펜이랑 종이를 준비해서 기발한 헤드라인을 생각해서 써 봐.

① 세계 최초로 핀란드에서 헤비메탈 뜨개질 대회가 열렸다. 참가자들은 스웨터를 뜨면서 메탈리카 음악에 맞춰 신나게 몸을 흔들었다.

② 테네시주에 거주하는 한 농부가 거대한 호박을 재배했다. 호박은 자그마치 500킬로그램에 달했다. 농부는 호박 속을 모두 긁어낸 다음, 호박을 강물에 띄우고, 호박 속에 들어가 노를 저어 강을 건넜다.

아래 기사도 실제로 신문에 보도됐던 거야. 헤드라인의 빈 칸에 어떤 말이 들어가면 좋을지 써 봐.

<인디펜던트>는 스코틀랜드, 이스트 킬브라이드의 하수구에서 발견된 특이한 물건들에 관한 기사를 냈다. 물건들은 다름 아닌 곰돌이 푸 인형과 속옷 그리고 의치였다. 스코틀랜드 수자원 공사는 시민들이 이런 물건들을 변기에 내리지 않도록 하기 위해 새로운 캠페인을 시작했다.

헤드라인:

하수구 막힘의 원인이 커다란 ____라니!

답: 틀니

5. 출처를 알아야 해!

정보나 기삿거리를 얻게 된 사람이나 장소, 기관을 '출처'라고 해. 출처가 없는 기사는 모래 위에 세운 집과 같아. 그러니까 기자에게 출처는 굉장히 중요해!

출처에서 얻는 정보를 음식 재료라고 해 보자. 그리고 기자가 뉴스 기사 대신 맛있는 수프를 만든다고 상상해 봐. 어떻게 만들까?

**버터에 익힌 감자, 크림처럼 부드러운 육수,
씹는 맛이 일품 인 고기를 잔뜩 넣고 뭉근하게 끓인
풍부한 맛의 수프를 만들까?**

혹은

**상한 채소에 언뜻 보이는 밀가루, 기름이 잔뜩 있는 고기로
멀뚱멀뚱 묽은 수프를 만들까?**

기자도 좋은 재료를 갖고 있어야만 뉴스 기사의 맛을 제대로 낼 수 있어. 그래서 기자는 훌륭한 출처를 찾기에 열심인 거야.

정보가 맛있고 풍성하며 사실인지 알 수 있는 좋은 방법이 있어. 이렇게 묻는 거야. **"정보가 어디서 온 거지?"** 이 질문에 대한 답을 모른다면 기자의 자세로 돌아가 찾아내야 해.

요즘에는 질 나쁜 재료들이 많이 떠돌아다녀. 특히 온라인의 뉴스피드와 타임라인에 얼마나 많은지 몰라. 어떤 게 좋은 출처고 어떤 게 나쁜 출처인지 알기 어렵지. 하지만 방법은 있어.

수프가 얼마나 맛있을지는 그릇을 코에 가까이 대고 **크으응 킁** 냄새를 한껏 들이마시면 알 수 있잖아. 기자가 출처의 품질을 알아낼 때도 똑같이 하면 돼. (아휴, 이렇게 말하고 나니까 맛있는 수프가 당기네……)

사람, 장소, 물건 혹은 행사 등에서 기삿거리가 있다고 판단될 때마다 나는 뉴스를 만드는 뇌의 스위치를 탁 켜. 시동을 부릉부릉 걸지. 그리고 기자로 변신한 다음 출동해야 하는지 아닌지 판단하고 **추적을 시작해!**

뉴스 기사의 출처로는 흔히 이런 것들을 사용해.

1. 사람들

사람들은 환상적으로 좋은 출처가 될 수 있어. 하지만 가짜 정보를 제공하는 출처가 되기도 하지. 본인은 그럴 의도가 없었다고 해도 말이야.

기자는 기삿거리를 준 사람이 어떤 사람인지 생각해서 그 이야기가 믿을 만한지 판단해야 해. 그 사람을 믿을 수 있니? 만약 물건을 빌려줬다면 다시 받을 수 있을까? 그가 네 반려동물 기니피그를 돌봐 준다고 하면, 그 말을 믿고 놀이공원에 놀러 가도 될까? 물론 사람들 대부분은 믿을 만해. 하지만 그 사람을 믿는 것과 그가 하는 이야기를 믿는 것은 다른 문제야. 간단한 질문을 던져서 사실인지 확인해 봐야 해.

다음 대화 속에서 기자는 이야기가 믿을 만한지 어떻게 확인하고 있는지 살펴봐. 기자와 친구는 같은 학교를 다니는 친한 사이야.

친구: 진짜 끝내주는 기삿거리가 있어! 우리 학교 뒤에 있는 연못 알지? 거기에 사람을 잡아먹는 커다란 송어가 있대!

기자: 그래? 어떻게 알았어?

친구: 지금 애들이 다 그 얘기 하고 있어서 알았지!

기자: 실제로 봤어?

친구: 아니, 하지만 다른 애들은 봤어!

기자: 그래, 굉장한데! 그런데 누가 봤대?

친구: 오블리비아!

기자: 이름 진짜 특이하다. 오블리비아라는 애는 어디에 있어? 인터뷰해 보고 그 얘기가 진짜인지 확인해야겠다.

친구: 나도 몰라. 오블리비아가 내 사촌의 수학 선생님에게 말해 준 거야. 그리고 그 수학 선생님이 내 사촌의 엄마한테 말했고, 사촌의 엄마가 내 사촌에게 말해 줬고, 사촌이 나한테 말해 준 거야.

기자: 그래서 결론은 오블리비아가 어디에 있는지 모른다는 거야?

친구: 그 송어를 보고 마을을 떠났다는데, 독일로 간 거 같아.

기자: 다른 애들은 없어?

친구: 음, 없어.

이 경우, 기자는 직접 연못으로 가서 **진짜** 사람을 잡아먹는다는 송어가 있나 확인했을 거야. 확인을 못했다면 이건 기사가 안 돼. **만화책**에나 나올 이야기지! 친구는 그 송어가 진짜 있다고 믿을지 몰라도 기자라면 탐정처럼 늘 증거를 찾아야 해.

모든 사람이 좋은 출처가 되는 건 아니야. 기자는 들은 얘기가 다 진짜는 아니라는 것을 염두에 두어야 해.

2. 인터넷

인터넷에는 정보가 차고 넘쳐. 어떤 건 진짜고 어떤 건 가짜야. 너도 인터넷에서 기사를 클릭하게 만들려는 낚시성 기사를 많이 봤을 거야.

- 오블리비아라는 학생이 300kg짜리 송어에게 공격당했다!
- 놀이공원에서 기니피그에게 일어난 믿지 못할 일!
- 눈물샘 터지는 송어와 기니피그의 결혼식 공개

어떤 낚시성 기사는 사실이기도 해. 하지만 꾸며 낸 이야기가 더 많지. 낚시성 기사를 쓰는 기자는 순전히 네가 **클릭**만 하면 된다고 생각해. 기사를 클릭하는 수가 많을수록 수익이 늘거든. 이들은 독자를 자기들이 낚고 싶은 300킬로그램짜리 송어라고 여길 뿐이야. 허위 정보를 미끼로 던지면서 말이야.

3. 다른 뉴스 기사

이미 보도된 뉴스 기사는 종종 (늘 그런 건 아니지만) 주변에 무슨 일이 일어났는지 알아내는 검증된 방법이라고 할 수 있어.

생각해 봐. 만약 우주 비행사가 달에 착륙한 모습 사진이 TV나 신문을 통해 공개되지 않았다면 우리는 **인류가 달에 착륙했다**는 걸 알지 못했을 거야. 신문에 타이태닉호에 탔던 사람들을 인터뷰한 기사가 실리지 않았다면 **타이태닉호가 침몰했다**는 사실도 몰랐겠지.

앞으로 천 년 동안 인류가 사람을 잡아먹는 송어에게 몰살되지 않는다면, 훗날 사람들은 코로나바이러스에 대한 뉴스 리포트와 기사를 보고 우리가 살았던 시대를 이해하게 될 거야.

네가 어떤 주제에 대한 정보를 찾는다면, 그 주제에 대해 누군가 써 놓은 글을 보게 될 가능성이 커. 나는 영국에서 가장 냄새가 역한 치즈에 관한 기사를 써 달라는 요청을 받았어. 나는 이 주제를 이미 다룬 기사들을 많이 찾았지. 아래의 기사도 포함해서 말이야.

이런 부류의 정보를 '**참고 자료**'라고 해. 대단히 중요한 정보지.

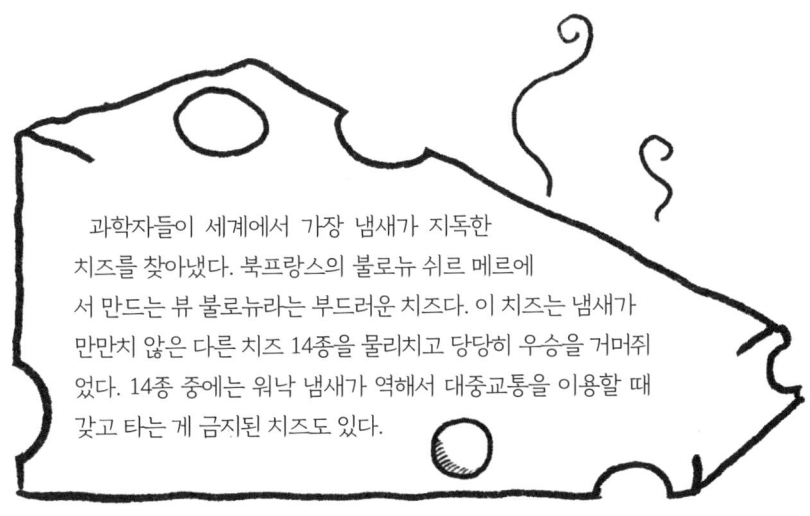

과학자들이 세계에서 가장 냄새가 지독한 치즈를 찾아냈다. 북프랑스의 불로뉴 쉬르 메르에서 만드는 뷰 불로뉴라는 부드러운 치즈다. 이 치즈는 냄새가 만만치 않은 다른 치즈 14종을 물리치고 당당히 우승을 거머쥐었다. 14종 중에는 워낙 냄새가 역해서 대중교통을 이용할 때 갖고 타는 게 금지된 치즈도 있다.

편향에 치우지지 말자

뉴스 기사를 출처로 사용하는 건 늘 있는 일이야. 하지만 뉴스 기사라고 해서 완전히 믿을 수 있는 건 아니야. 이건 중요하니까 꼭 기억해.

기자는 뉴스 기사를 출처로 쓸 것인지 판단할 때, 그 기사가 편향되어 있지 않은지 살펴. 기자가 사건을 한쪽에서만 보고 더 많이 공감하는 걸 편향됐다고 해. 편향되어 있으면 다른 쪽을 보지 못하지. 이게 굉장히 중요해. 기자가 사건을 한쪽 입장에 치우쳐서 **더 공감**해 주는 건 **괜찮아**. 하지만 반대편 입장을 **불공정**하게 다루는 건 **괜찮지 않아**.

이걸 설명할 수 있는 좋은 예가 있어. US 오픈 테니스 대회의 결승전 기사를 쓴 한 스포츠 기자의 기사를 한번 보자.

형편없는 도데비어, 천재 라이언에게 완패

어젯밤 열린 US 오픈 결승전에서 영국인 테니스 선수, 톰 도데비어는 흠잡을 데 없는 테니스 천재 JJ 라이언의 가차 없는 공격에 완패를 당했다.

힘든 시즌을 보낸 도데비어는 사실상 아일랜드 출신 운동선수 중 최고임이 틀림없는 라이언의 적수가 되지 못했다.

자그마치 14시간 동안 접전을 펼친 끝에 라이언이 근소한 차이로 승리를 거뒀다. 하지만 어떤 관중이라도 반박의 여지없이 라이언이 더 우수한 선수라고 할 것이다. 그의 포핸드는 시속 240킬로미터에 달하기도 했다. 라이언은 한 마리 표범처럼 코트를 누비며 네트 건너편 상대에게 강타를 꽂아 내렸다.

한편, 도데비어의 플레이는 형편없었다. 모든 기술을 다 갖추긴 했지만, 불행히도 그는 내가 지켜본 운동선수 중 가장 무능하고 둔하고 서투르고 무분별한 바보 같은 선수다.

이 기사는 **과장된** 예야. 하지만 기사를 쓴 기자가 JJ 라이언에게 더 호감이 있다는 건 분명해 보이지. 경기 시간이 아주 길었고 경기가 손톱을 물어뜯을 정도로 아슬아슬했는데도 톰 도데비어를 향한 평가가 지나치게 가혹해. 기자가 불공정하게 기사를 쓴 거지. 이런 걸 편파 보도라고 해.

도데비어가 올해 펼쳤던 경기를 조사한 **훌륭한 기자라면** 이 기사가 얼마나 **편파적**인지 금방 알아챌 거야. 그리고 출처로 사용하지도 않겠지.

물론 기자가 JJ 라이언을 응원하는 팬이고 그의 시합에 관해 호의적으로 기사를 쓰는 건 아무런 문제가 되지 않아. 하지만 상대방을 불공정하게 다루기 시작한다면 문제가 돼. 기자의 개인적인 감정이 어떻든 간에 기사를 쓸 때는 반드시 **공정성**을 **유지**해야 해.

내 나라 영국의 경우, 언론사들이 이 공정성을 아주 중요하게 인식하고 있는 편이야. 언론사에 소속된 기자는 물론 프리랜서 기자들도 편파적으로 기사를 쓰지 않으려고 노력하지. 가끔 실수를 하기도 하지만, 실수가 있을 때는 즉각 수정하고 실수로부터 배우려고 하지.

다른 나라의 언론들도 대체로 그런 편이야. 그런데 미국이나 몇몇 나라의 일부 언론사는 특정 사안에 대해 자신들이 어느 편에 서 있는지 솔직하게 밝히기도 해. 또한 자신들이 선호하는 인물을 더 좋게 평가한 기사를 서슴없이 올리기도 하지.

특정한 신문사나 TV 채널의 보도를 찾아서 보는 독자나 시청자는 그 언론사가 어떤 성향이며 어느 편에 서 있는지 이미 알고 있을 거야. 특정 정치인을 지지한다든지, 어디에 우선순위를 두는지, 어떤 대의명분을 내세우는지 말이야.

이런 언론사와 기자는 그들의 독자나 시청자가 선호한다고 믿는 내용을 다루고 전달할 자유가 있어. 하지만 독자나 시청자들은 알고 있어야 해. 언론사나 기자의 입장이 편향되어 있으면, 가끔 불완전한 그림을 그릴 수도 있다는 것을 말이야.

편파적인 기사를 알아내는 방법

기사가 편파적인지 알아낼 수 있는 간단한 방법을 몇 가지 알려 줄게. 네가 어디에 있든지, 어떤 기사를 읽고 있든지 다 적용할 수 있어.

- **사건과 연관된 모든 측의 입장이 전달되고 있는지 살펴봐.** 모든 의견을 다 들을 수 있니? 그렇지 않다면 어느 쪽의 입장이 들리지 않지? 왜 그런 거 같아?

- 기사가 특정 단체나 인물에 관해 편파적이라는 생각이 든다면, **그 기자가 쓴 다른 기사를 한번 찾아봐.** 기사들이 같은 주제를 다루고 있니? 그리고 똑같은 결론을 내는 경우가 많아?

- **기사의 헤드라인이 새로운 사실을 말하고 있는지 확인해 봐.** 무슨 새로운 일이 일어났니? 아니면 기사를 쓴 기자가 같은 주제를 또 얘기하려고 예전에 썼던 기사를 그냥 재탕한 거니? 왜 같은 기사를 자꾸 쓰는 거 같아?

- **똑같은 이야기를 다룬 다른 언론사의 기사를 읽거나 다른 TV 채널을 확인해 봐.** 매체에 따라 기사가 다르니? 어떤 점이 달라? 그 이유는 무엇일까?

6. 스마트폰만 있어도 돼!

수 세기가 흐르는 동안, 사람들이 뉴스 기사를 쓰는 매체는 여러 차례 바뀌었어. 초기에는 돌판에 중요한 소식을 새겼다가 나중에는 잉크를 적신 깃털로 종이에 휘리릭 쓰게 되었지. 이런 깃털은 나중에 펜이 되었어. 그리고 떨어뜨렸다가는 발가락을 부러뜨리기에 딱 좋은 묵직한 타자기가 등장했지. 타자기는 놀랍도록 세련된 컴퓨터에 자리를 내줬어. 요새는 대부분이 굉장한 성능을 자랑하는 컴퓨터를 주머니에 넣고 다니지. 바로 **스마트폰**이야.

TV 뉴스용 영상을 촬영하고 소리를 녹음하는 일은 특별한 장비가 있어야 하는 굉장히 복잡한 일이었어. TV 뉴스 제작진은 사건이 일어난 현장에 직접 가서 승합차에서 장비를 내리고 설치해야 했어. 시간이 걸리는 일이었지. 또 모든 걸 관리하는 프로듀서가 필요했고 비디오카메라 기술자, 사운드 엔지니어와 취재 기자가 있어야 했어.

오늘날에는 스마트폰으로 사진과 영상 촬영, 음성 녹음을 쉽게 할 수 있어. 사진과 영상이 꽤 고화질이기 때문에 TV 뉴스에 바로 올릴 수 있을 정도지. 집에서 뉴스를 보는 시청자도 스마트폰으로 촬영했는지 알아채지 못할 정도야. 어떤 기자는 스마트폰만으로 뉴스 리포트를 다 만들곤 해. 이렇게 보도하는 방식을 '**모바일 저널리즘**(mobile journalism)' 또는 앞 글자를 따서 '**모조**(Mojo)'라고 해. 모조는 점점 더 인기를 얻고 있지. 어쩌면 너도 모조가 마음에 들지 모르겠다. 스마트폰이랑 뛰어난 뉴스 감각만 있으면 되니까.

스마트폰을 사용한다는 건 사건 현장마다 이고 지고 다녀야 하는 커다란 카메라가 없어도 된다는 뜻이야. 그러면 기자는 촬영 팀을 일반인으로 구성해도 되지. 즉, **누구나** 뉴스를 만들고 전달할 수 있다는 얘기야!

공공장소에서 어떤 사건이 갑자기 벌어졌다고 상상해 봐. 분명 그 자리에 있는 많은 사람들이 곧바로 스마트폰을 꺼내 들고 찍기 시작할 거야. 우연히 일어난 놀라운 장면을 (기자가 아니라) 일반인들이 카메라에 담고, 그들 중 어떤 능력자는 환상적인 영상 콘텐츠를 만들 수도 있지. 그래서 요즘 언론 매체들은 일반인이 촬영한 영상을 활용해 시청자들에게 뉴스를 전하는 일이 점점 늘고 있어.

만약에 강아지 한 마리가 목줄을 놓친 보호자에게서 벗어나 값비싼 도자기를 파는 가게에 들어가 날뛴다고 해 봐. 분명 가게에 있던 손님들 중 누군가가 스마트폰으로 찍기 시작할 거야. 너는 어떨지 몰라도 나는 이렇게 촬영된 **영상**을 진짜 보고 싶어.

평범한 사람들이 직접 만들어 온라인 공간에 올린 게시물을 **사용자 제작 콘텐츠**(User Created Contents), 간단히 **UCC**라고 하지. UCC는 **현장에 있었던 사용자가 직접 촬영**한 콘텐츠라고 할 수 있어.

이런 영상은 시청자들이 마치 사건이 벌어지는 현장 한가운데에 있는 듯한 기분이 들게 해 줘.

목줄이 풀린 강아지를 보고 **헉** 하고 숨이 막힐 거야!

도자기들이 깨지는 소리에 **으아악!** 비명이 절로 날 거야!

보호자가 날뛰는 강아지를 잡으려고 안간힘을 쓰는 걸 보면 **크크** 웃음이 터져 나올 거야!

영상 없이 사건을 전하는 유일한 방법은 시청자들에게 어떤 모습이었을지 그리고 어떤 소리가 들렸을지를 **상상하라**고 하는 거야. 그건 재미도 별로 없을 뿐 아니라 눈요깃거리도 되지 않지.

모조 또는 UCC에 대해 반드시 기억해야 할 사항들이 있어.

1. 네가 쓸 기사에 UCC를 활용하고 싶다면 **반드시 먼저 허락**을 받아야 해. UCC로 올라온 글, 사진, 오디오나 비디오 클립은 그걸 쓰거나 녹음하고 촬영한 사람의 소유물이야. 다른 사람의 콘텐츠를 가져와서 허락도 없이 사용하는 건 그들의 칫솔 또는 가발을 허락도 없이 쓰는 것과 같아. **당연히 화가 나겠지!**

2. UCC는 대개 그냥 자기가 좋아서 만드는 경우가 많아. 어떤 의도가 있는 게 아니란 뜻이지. 하지만 기자라면 UCC에 담긴 내용을 믿어도 되는지 확실히 점검해야 돼. 가끔 어떤 사람들은 다른 사람의 사진이나 비디오를 가져다가 SNS에 올리고는 마치 자기가 찍은 것처럼 굴기도 해. UCC에 담긴 내용이 **사실**인지, UCC를 게시한 사람과 만든 사람이 동일 인물인지 꼭 확인해. 그게 **확실하지 않다면 특히 더 조심해.**

3. 어떤 UCC는 보는 사람을 불편하게 만들 수도 있어. UCC 영상에 **폭력적인 언어**나 **행동**이 담겨 있는 경우가 그래. 너도 친구들에게 먼저 경고도 하지 않고 대뜸 불편한 영상을 보여 주진 않겠지. 마찬가지로 독자들에게 UCC를 보여 줄 때는 매우 신중해야 해.

눈과 귀가 번쩍

놀라운 이야기

오늘 밤, 학교에서 중요한 회의가 열려. 부모님들과 선생님들이 다 같이 모여서 점심시간을 얼마 동안으로 해야 하는지를 두고 토론을 벌인대. 어떤 부모님들이 교장 선생님에게 15분이면 점심을 꿀떡꿀떡 삼키고 화장실에 다녀오는 시간까지 충분하다고 편지를 썼고, 일부 선생님들도 그 의견에 동의했어.

너는 점심시간이 겨우 15분이 될지도 모른다는 소식을 듣고 머리카락이 쭈뼛 섰어. 오전 내내 답답한 교실에서 수학 문제를 풀고 인류의 고대 문명을 배우느라 머리가 얼마나 아팠는데!

엄마는 직장에서 점심시간으로 한 시간을 꽉꽉 채워 써. 네가 이 사실을 지적하자 엄마가 이렇게 말하는 거야. **"그래, 하지만 직장 스트레스가 얼마나 심한데."** 선생님도 똑같은 말을 했지. 네가 학생도 회의에 참석할 수 있냐고 물었더니 선생님은 이렇게 대답했어. **"안 된다. 그건 어른들만 참석하는 회의야."**

아무래도 좀 불공평한 거 같아. 그래, 엄마 일이 스트레스가 심할 수 있어. 하지만 엄마가 역대 왕들의 이름을 다 외우려고 해 봤을까? 학교는 너희들에게 직장과 마찬가지야. 너는 정당한 점심시간을 누려야 한다고 생각해. 적어도 의견을 무시당하지 않고 회의에 참석할 권리를 갖고 싶어.

이런 질문을 던져 봐. '점심시간으로 적절한 시간은 얼마일까?' 인터넷 검색을 해서 OECD 가입 국가들의 학교 점심시간 통계 자료를 찾아냈어. 어떤 학교는 한 시간을 줬어. 그렇다면 이 학교는 교육을 덜 진지하게 여기는 걸까? 너는 시험 점수라는 측면에서 OECD 가입 국가 중 가장 성적이 좋은 나라를 찾아봤어. 학생들이 점심시간을 얼마나 갖는가 하는 요소는 시험 결과에 영향을 미치는 것 같지 않아. **그렇다면 왜** 너희 학교는 점심시간을 한 시간으로 하면 안 되는 거지?

지금 네 손에 굉장히 좋은 기삿거리가 들어온 거 같아. 이 문제에 대해 학생들은 어떻게 생각하는지 인터뷰할 수 있지. 다른 나라에 사는 학생과 점심시간에 대한 영상 인터뷰나 전화 인터뷰를 진행할 수도 있을 거야. 그리고 가능하면 최대한 많은 다른 입장을 가진 사람들의 이야기를 전달해야 하는 걸 잊지 마. 교장 선생님과 학부모님도 몇 명 인터뷰해야 할 거야.

자, 이게 네가 취재할 기삿거리야!

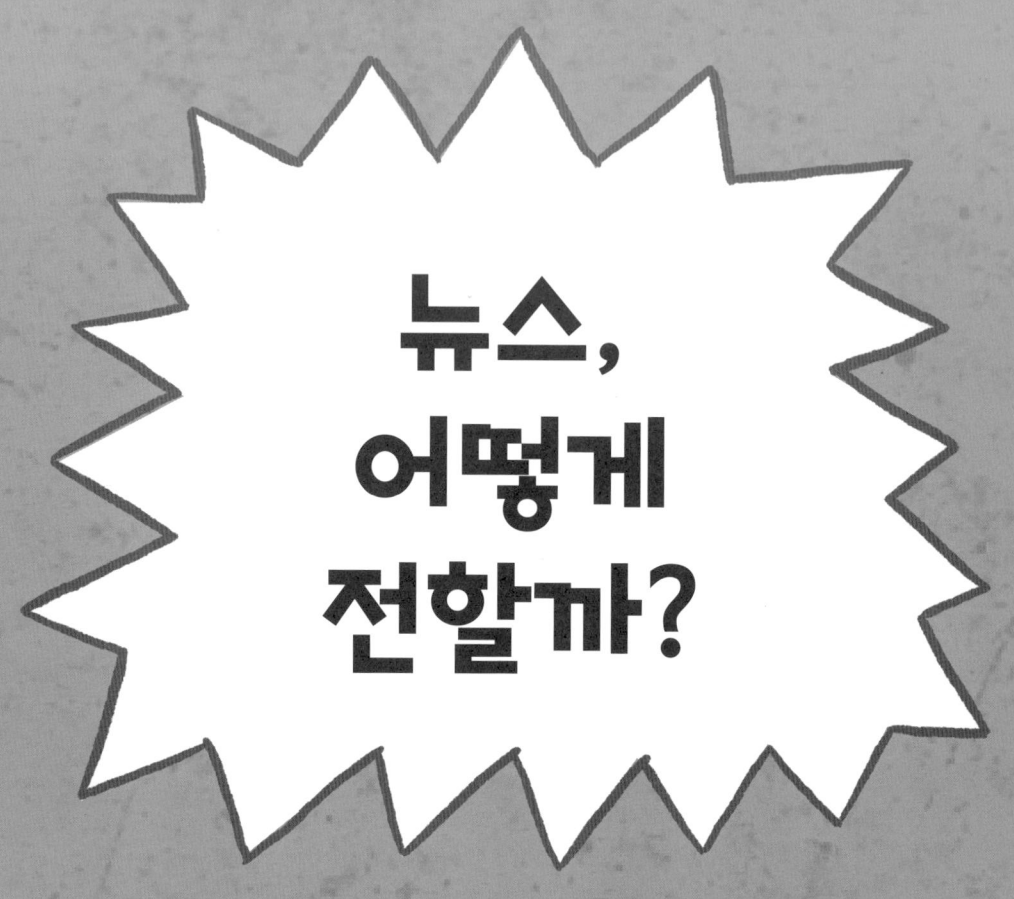

뉴스, 어떻게 전할까?

굉장한 기삿거리를 찾았어도 전할 방법이 없다면 무슨 소용이 있겠니?
기자가 특종을 발견했다면 전달할 수 있는 다양한 방법이 있어.

취재 도구

기자가 기본적으로 갖춰야 할 가장 중요한 도구는 호기심이야. 하지만 안타깝게도 동네 슈퍼에서 그게 다 팔렸다면, 다음으로는 이것들을 챙기도록 해.

펜 뭔가 적으려면 펜이 있어야지. 많은 젊은 기자들이 스마트폰 노트 기능을 이용하지만 나는 그렇게 안 해. 나는 내가 쓰던 펜을 잃어버린 다음 15분 동안 다른 펜을 찾느라 허둥대는 게 스릴 있거든!

종이 펜이 있으면 종이도 있어야지! 기자 수첩이 좀 폼 나지만, 이가 없으면 잇몸이라잖아. 나는 냅킨, 종이 가방에도 끄적여 봤고 편의점 영수증에도 적어 봤어.

녹음기 기사에 쓰려고 누군가를 인터뷰해야 한다면 녹음기를 갖고 가는 게 좋아. 암기력 끝판왕만이 헷갈리는 단어 하나 없이 대화를 몽땅 기억할 수 있지. 만약 기자가 그 사람이 실제로 하지도 않은 말을 인용했다면 그건 가짜 뉴스야! 인터뷰 대상자에게 녹음해도 괜찮은지 꼭 물어야 해. 그 사람이 큰 목소리로 말해야 녹음기에 모든 말이 정확히 잘 담길 테니까.

기자 신분증 좋은 기삿거리를 알고 있는 사람을 언제 어디에서 만날지 누가 알겠어? 훌륭한 기자는 인터뷰하고 싶은 사람에게 자신이 진짜 기자임을 증명할 수 있는 신분증인 기자증을 늘 가지고 다니지.

 **가짜 콧수염** 기자는 변장을 해야 할 때도 있어. 특히 특종을 취재할 때는 비밀리에 해야 하니까.

기자는 취재 가방에 온갖 물건을 담을 수 있어. 사실 사건을 취재하다 보면 펜, 종이, 녹음기 말고도 일상생활을 할 때 쓰는 물건이 필요할 때가 있어. 그러니까 이런 물건들도 챙기도록 해. 갖고 있으면 **써먹을 데가 있는 물건들**이야.

작은 가위 일하면서 코털이나 손톱 다듬기용

사전 오랫동안 차를 타야 할 때 독서용

속옷 비밀스러운 장소에서 기나긴 밤 잠복할 때

기자의 종류

운동선수란 직업은 종목에 따라 축구 선수, 야구 선수, 농구 선수 등으로 나눠. 운동선수처럼 기자란 직업에도 담당 분야가 따로 있어. 기자는 맡은 분야에 따라 나눌 수 있지.

기자는 신문사나 방송국의 뉴스 대장이 특정 사건을 파헤쳐 보라고 보내는 기자도 있고, 혼자서 기삿거리를 찾으러 다니는 프리랜서 기자도 있어. 사냥꾼은 사냥을 나갈 때 사냥감에 맞는 사냥개를 데리고 나가듯, 뉴스 대장은 각 사건 분야에 맞는 기자를 보내. 쪼그만 치와와를 경찰견으로 보내지 않는 것처럼 말이야.

탐사 보도 전문 기자 이 기자들은 보통 오랜 시간 동안 기자로 일한 경험이 있어. 이들은 종종 사람들을 불공정하게 대우한 거대 조직에 관한 기사나 정부가 오랫동안 저질러 온 비리를 샅샅이 파헤친 기사를 전달해.

경제 전문 기자 뇌에 슈퍼컴퓨터를 단 것 같은 기자들이야. 다른 기자들은 보기만 해도 머리가 지끈지끈한 복잡한 숫자로 된 도표, 그래프들을 분석해. 그리고 그 속에서 중요한 정보를 딱딱 집어내지.

스포츠 기자 사람들은 스포츠 기자가 하는 일이 그냥 앉아서 경기를 구경하는 게 다라고 생각하는 경우가 많아. 물론 그것도 일의 일부이긴 하지만, 기사도 써야 하고 인터뷰도 해야 하지. 그래서 할 일이 참 많아. 모든 종류의 스포츠에 관심이 있어야 해. 그러니까 챔피언스 리그 결승전뿐 아니라 스케이트보드, 테니스, 트램펄린, 당구, 양궁, 수중 발레, 사냥, 던지기 등의 각종 대회는 물론 애슬론 타운 FC가 AC 밀란을 상대로 1975년에 벌였던 경기 같은 오래된 비디오를 봐야 할 때도 있어.

연예 기자 연예 기자는 외국으로 비행기를 타고 가서 영화배우를 만나거나 레드 카펫을 걷고, 연예인이나 관계자들을 인터뷰하고 기사를 쓰고 TV 방송을 위해 촬영해. 이들도 스포츠 기자처럼 열심히 일해. 오스카 시상식에 빠짐없이 참석해야 하고 마을 회관에서 열리는 작은 연극도 직접 가서 봐야 하지. 훌륭한 연예 기자라면 기사가 크든 작든 간에 모두 중요하게 여겨야 해.

1. W 다섯 개와 H 한 개

세상에 멍청한 질문은 없지만, 중요한 질문은 있어. 어떤 질문들은 다른 질문보다 더 중요하지. 그다지 중요하다고 볼 수 없는 질문은 이런 거야. "어떻게 감히 내 달걀 샌드위치를 책갈피로 쓸 수 있어?" 아니면 "셰리든, 오늘 아침에 왜 지각했나?" 이런 질문은 안 해도 되잖아. 그렇지?

기사는 사람들이 궁금해하는 질문들에 대한 답을 담고 있어. 그중에서도 중요한 질문은 W와 H로 시작해.

바로 이거야. Who 누가, When 언제, Where 어디서, What 무엇을, Why 왜 그리고 How 어떻게.

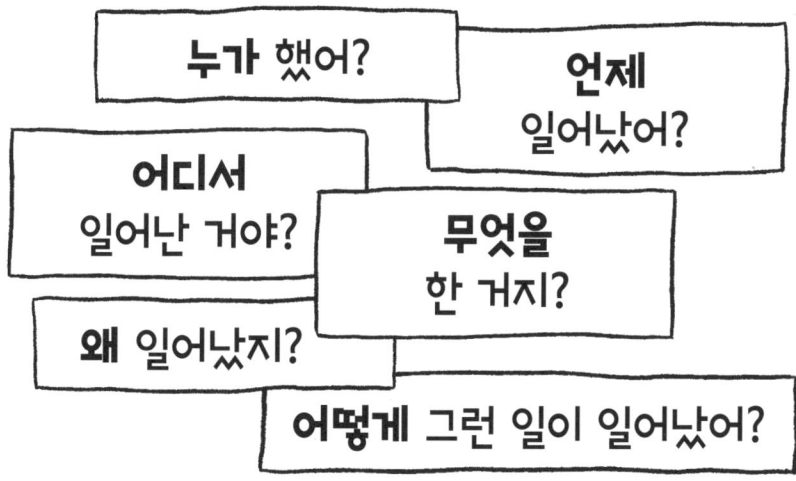

다섯 가지의 W와 한 가지의 H 질문(간단히 5W 1H)에 대한 답을 찾았다면, 기사의 첫 단추는 꿴 셈이야. 내가 지어낸 기사를 하나 줄게. 5W 1H 질문에 대한 답을 찾아 봐.

○○ 방송국 건물에서 배뚱뚱이 돼지 난동

어제 아침, 닉 셰리든 기자는 반려동물 돼지가 그가 근무하는 ○○ 방송국 9층 TV 보도국 사무실에서 난동을 부리며 돌아다닌 일에 대해 동료들에게 사과했다.

셰리든은 스티븐이라고 이름 붙인 배뚱뚱이 돼지를 사무실에 데려온 것에 대해 "생각이 짧았다."고 인정했다. 그러면서도 셰리든은 집에서 돼지를 돌봐 줄 사람을 고용했지만 그가 출근 시간 직전에 오지 못하겠다고 하는 바람에 어쩔 수가 없었다고 해명했다.

배뚱뚱이 돼지 스티븐은 목줄을 끊고 달아나 직원들을 공포로 몰아넣었다. 그러고는 일부 직원들에게 "공격적으로 킁킁댔으며" 린다가 간식 테이블에 놓아 두었던 딸기 크림이 든 초콜릿을 홀라당 먹어 치웠다.

스티븐은 한 시간 정도 난동을 부리다 결국 경비원에게 붙잡혔다. 오늘 아침 셰리든은 이 사건에 대한 언급을 피하며 10층으로 올라갔다. 그는 어제 사건으로 인해 경영진으로부터 최후통첩을 받으러 가는 것으로 보인다.

주의: 내가 쓴 기사이지만 실수가 있었어. 스티븐이 먹어 치운 음식은 초콜릿이 아니라 타르트였어. 기사를 다시 읽으면서 나는 정확한 사실을 있는 그대로 전달해야 한다는 뉴스의 기본을 다시 한번 되새겼어. 너도 기사를 쓸 때, 이 점을 잊지 말렴.

Who 누가?
닉 셰리든의 반려동물인 배뚱뚱이 돼지 스티븐이

When 언제?
어제 아침에

Where 어디서?
○○ 방송국 9층 TV 보도국 사무실에서

What 무엇을?
난동을

Why 왜?
돼지를 돌봐 줄 사람이 출근 시간 직전에 못 온다고 해서

How 어떻게?
돼지 스티븐이 목줄을 끊어서

5W 1H는 기사에 필수적인 요소야. 네가 기사를 쓸 거라면 여섯 가지 질문에 해당하는 정보를 반드시 모아야 해. 이건 기사를 쓸 때 지켜야 하는 기본 원칙이야. (5W 1H의 원칙, 육하원칙이라고 하지.)

5W 1H는 기사의 뼈대를 세워 줘. 네가 기사에 5W 1H를 제대로 담았다면, 그다음에는 더 많은 질문에 대한 답을 줄 수 있지. 그러면 기사에 근육과 살, 피부를 덧붙일 수 있어. 누군가에게 너에 대해 설명할 때, 네 귀 아래에 있는 말랑말랑한 귓불까지 상세히 설명해 주는 것처럼 말이야.

5W 1H 찾기

기사에서 5W 1H가 빠지면 사실 관계를 정확히 전달할 수 없어. 기사를 쓴다면, 5W 1H를 빠짐없이 취재해서 써야 하지. 다음 내가 지어낸 기사에서 5W 1H를 찾을 수 있는지 확인해 봐.

세차하러 왔다가 푸딩 범벅 날벼락
범인은 파티시에 출신 전 직원 유력

경찰이 뽀글 세차장에서 근무했던 직원을 조사 중이다. 경찰은 그가 세차장에서 디저트를 활용해 일련의 장난을 친 범인이라고 추정하고 있다. 올해 초부터 어제까지 그동안 세차 시설을 이용했던 손님들은 온갖 종류의 푸딩이 차에 뿌려지는 사고를 겪었다. 뽀글 세차장 주인인 짐 서드 씨는 누군가 몰래 물탱크에 푸딩을 집어넣었다고 주장했다.

어젯밤 짐은 "직원들이 펌프 전원을 켜고 호스를 손님들 차에 갖다 댔는데 뜨거운 물이 나오는 게 아니라 푸딩이 그냥 쭉 나오더라고요!"라고 말했다.

"이번 달에만 자동차들이 아주 온통 초콜릿 무스, 티라미수, 커스터드, 저지방 망고 젤라토, 핫 퍼지 푸딩 등으로 범벅이 됐고, 요 덩어리는 제 생각에 아마도 라벤더 프로스팅을 올린 초콜릿 석류 케이크인 거 같아요."

짐은 이 못된 장난을 친 범인이 작년에 근무했던 직원인 데니스 피치일 거라고 추정했다. 데니스는 살균제를 훔친 것이 들켜 해고되었는데, 이에 대한 분풀이로 장난을 쳤을 거라고 짐작했다. 더구나 그는 숙련된 파티시에 출신이어서 이 사건에 연루되었을 가망성이 높다고 덧붙였다.
"제가 데니스가 만든 루허브 피스타치오 파볼로바를 먹어 봤거든요. 작년에 직원 파티를 열었을 때 가져왔더라고요. 그 친구가 푸딩은 아주 제대로 만들어요. 하지만 디저트는 부엌에 둬야지 제 물탱크에 집어넣으면 안 되죠!"

① Who 누가? _____

② When 언제? _____

③ Where 어디서? _____

④ What 무엇을? _____

⑤ Why 왜? _____

⑥ How 어떻게? _____

정답: ① 파티시에였던 데니스가 ② 올 해 초 언젠가에 ③ 짐의 물탱크에 ④ 온갖 종류의 푸딩을 ⑤ 해고당한 것에 대한 분풀이로 ⑥ 몰래 푸딩을 집어넣어서

2. 생생 인터뷰와 복스팝

인터뷰는 기자가 정보를 얻기 위해서 특정한 사람이나 단체와 하는 대화야. 인터뷰 대상자는 유형이 다양해. 어떤 사람은 주목받는 걸 좋아해서 기자가 질문을 하나만 던져도 쉴 새 없이 주절주절 말해. 반대로 어떤 사람은 인터뷰하는 걸 지독히 싫어해서 입을 열게 하기가 쉽지 않지. 또 한 가지 주제에 대해서만 떠들고 싶어 하고 다른 이야기는 한마디도 하지 않으려는 사람도 있어.

나는 1937년에 알 수 없는 이유로 행방불명이 된 미국의 비행사인 **어밀리아 에어하트**에 관해 얘기하는 걸 **정말 좋아해**. 어밀리아는 여성 최초로 비행기로 세계 일주를 하다가 태평양 바다 위에서 사라졌어. 나는 이 사건에 대해서라면 몇 시간이고 계속 떠들 수 있어. (지난해 이모님 댁에서 열린 크리스마스 파티에서 8시간 41초 동안 얘기한 게 내 기록이야.)

하지만 나는 돼지 얘기를 하는 건 **정말 싫어**. 특히 이름이 스티븐이라는 배뚱뚱이 돼지 얘기라면 말이야.

너희 교장 선생님은 학교에 새로 지은 도서관에 관해 얘기하고 싶어서 입이 근질근질할 거야. 하지만 매점에서 팔던 음식에 이물질이 둥둥 떠 있었다는 이야기는 하고 싶지 않겠지.

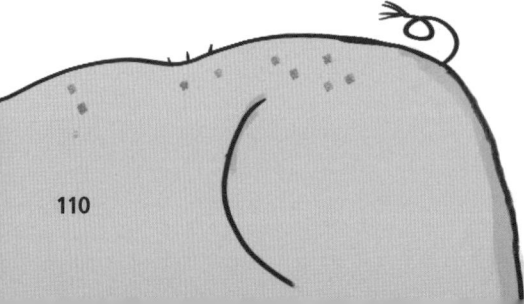

네 엄마나 아빠 또는 보호자는 네가 숙제를 하는 게 얼마나 중요한지 늘 얘기하고 싶을 거야. 하지만 네가 용돈을 올려 달라고 하면 갑자기 입을 꾹 다물 수도 있어.

좋은 인터뷰를 따내는 기술은 간단해.

좋은 답을 얻으려면
좋은 질문을 던져야 해.

좋은 질문을 던져도 좋은 답을 얻기 어려운 상대도 있어. 특히 정치인들이 그렇지. 그들은 까다로운 질문에 대해서는 대답하지 않으려고 해. 혹은 미리 준비한 원고가 있어서 원고 고대로 똑같이 말하려고 하지!

선거 기간 동안 정치인들은 TV 스튜디오에 불려 와서 수많은 질문에 대답해야 해. 이유는 잘 모르겠지만, 인터뷰 상황을 묘사할 때 기자들은 요리와 관련된 표현을 자주 사용해. 정치인들이 '뜸을 들인다'라거나 '구워졌다'라는 표현을 쓰기도 하고 어쩔 땐 '부글부글 끓는다'라는 표현을 쓰기도 해. 나는 이렇게 요리된 정치인을 먹어 본 적이 없어서 왜 이런 표현을 하는지 모르겠지만 말이야.

인터뷰 대상자가 질문에 대답하기 싫다는 이유로 거짓말을 하진 않을 거야. 그 대신 아예 입을 닫아 버리지.

영국 요크대학교에서 심리학을 가르치는 **피터 불** 교수는 대답하기 난감한 질문을 피할 수 있는 방법을 만들어 냈어. **세상에!** 그것도 수십 개나 만들었다니까. 정말이야!

"말도 안 돼!"

어쩌면 너는 이렇게 소리치고 이 책을 옆에 있는 창문 밖으로 던져 버릴지도 몰라. (책 모서리가 꽤 뾰족하거든. 그러니까 창문 아래에 사람이 없는지 꼭 확인해 줘.)

"질문을 피하는 방법이 수십 개가 있을 리는 없죠!"

뭐, 일단 다음 인터뷰를 읽어 봐. 질문은 매우 잘 알려진 진부한 질문이야. **"닭이 먼저냐, 달걀이 먼저냐?"** 만약 누군가가 (예를 들면, 닭과 오리를 키우는 농장 주인이) 질문에 대답하기 싫다면 대화는 이런 식으로 흘러갈 거야.

기자: 그럼, 닭이 먼저냐 달걀이 먼저냐 하는 질문으로 인터뷰를 마무리할까 합니다.

농장 주인: (질문을 무시하기) 전 달걀을 좋아해요. 특히 스크램블드에그요.

기자: 그런데 어떤 게 먼저라고 생각하세요?

농장 주인: (질문은 인식했지만 답변하지 않기) 그거 정말 좋은 질문인데요. 전 달걀 참 좋아해요. 특히 스크램블드에그요.

기자: 그러니까 진짜 어느 게 먼저일까요?

농장 주인: (책임 회피하기) 그건 닭하고 달걀 사이의 개인적인 문제니까 언급하지 않을 겁니다.

기자: 어떤 게 먼저인지만 알고 싶은 건데요?

농장 주인: (질문이 잘못되었다고 말하기) 어떤 게 먼저냐는 게 문제가 아닙니다. 어떤 게 더 맛이 좋은가에 대한 문제이지요!

기자: 이제 시간이 얼마 남지 않았습니다. 제발 어떤 게 먼저인지 말씀해 주시죠!

농장 주인: (질문이 의미 없다고 하기) 내가 지금 여기서 닭하고 달걀에 대해서 막 추측하고 그러지 않을 겁니다.

기자: 마지막으로 여쭤 볼게요! 닭이 먼저입니까, 달걀이 먼저입니까?
농장 주인: (인터뷰 주제에서 완전히 벗어나기) 이 오리들이 여기 없었다면 모든 게 다 괜찮았을 텐데!

이 농장 주인은 어떻게 하면 미꾸라지같이 질문을 피해 갈지 잘 알고 있어. 피커 불 교수가 말한 난감한 질문을 피하는 방법을 두루 썼지.

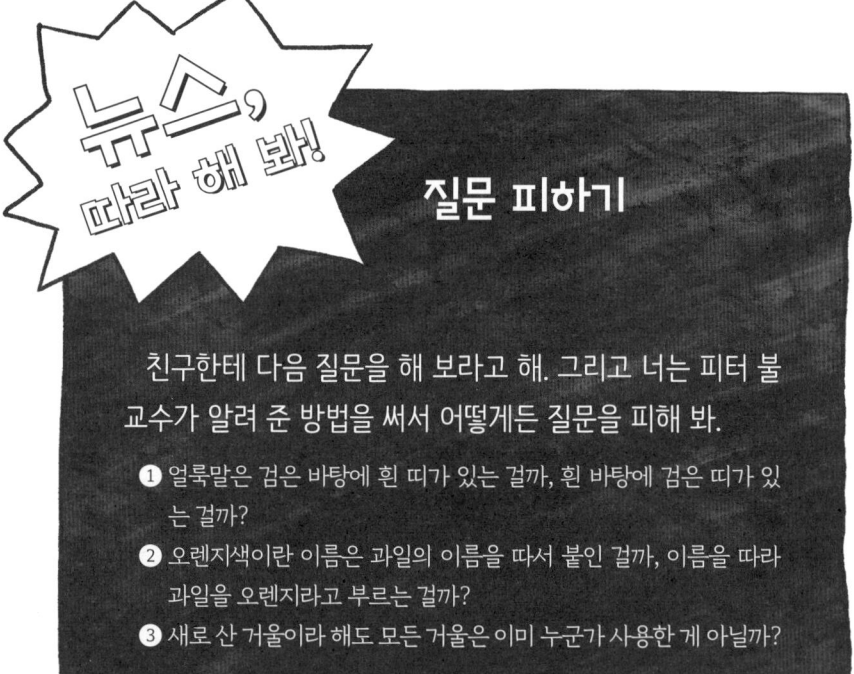

질문 피하기

친구한테 다음 질문을 해 보라고 해. 그리고 너는 피터 불 교수가 알려 준 방법을 써서 어떻게든 질문을 피해 봐.

❶ 얼룩말은 검은 바탕에 흰 띠가 있는 걸까, 흰 바탕에 검은 띠가 있는 걸까?
❷ 오렌지색이란 이름은 과일의 이름을 따서 붙인 걸까, 이름을 따라 과일을 오렌지라고 부르는 걸까?
❸ 새로 산 거울이라 해도 모든 거울은 이미 누군가 사용한 게 아닐까?

인터뷰를 해야 한다면 미리 질문할 거리를 적어 놓는 게 좋아. 좋은 질문은 이런 것들이야.

"처음으로 돌아가서 무슨 일이 일어난 건지 말해 주시겠어요?"

"그래서 기분이 어땠나요?"

"왜 그렇게 생각하죠?"

"왜 이 문제가 중요하다고 생각하나요?"

"이 문제에 대한 정보를 어디에서 더 찾을 수 있을까요?"

"이제 앞으로 어떻게 될까요?"

간단히 '**예**'나 '**아니요**'로 대답할 수 있는 **폐쇄형** 질문은 하지 않는 게 좋아. 누군가를 인터뷰하는데 질문마다 '예'나 '아니요'로만 대답하면 그건 꽤 지루하거든.

만약 네가 린다에게 "배뚱뚱이 돼지가 들이닥쳐서 무서웠나요?"라고 묻는다면 린다는 "네."라고 대답할 거야. 하지만 **개방형** 질문을 하면 다르지. "배뚱뚱이 돼지가 나타났을 때 기분이 어땠나요?"라고 묻는다면 린다는 이렇게 대답할 거야. "너무 무서워서 정신이 나가는 줄 알았어요!" 인터뷰가 훨씬 더 흥미로워질 것 같지?

네가 질문지를 이미 준비해 뒀더라도 그 사람이 말하는 걸 잘 듣고 다른 질문을 추가하는 걸 잊지 마.

가끔 어떤 기자는 인터뷰하는 사람의 말을 집중해서 듣지 않기도 해. 왜냐하면 미리 준비해 온 질문지에 있는 질문들을 다 하는 데만 온 신경이 쏠려 있거든. 예를 들면 이런 인터뷰야.

의학 연구실 덮친 폭풍…… 피해 막심

기자: 프랑켄슈타인 박사님, 오늘 저희와 인터뷰해 주셔서 정말 감사드립니다.

프랑켄슈타인 박사: 초대해 주셔서 감사합니다.

기자: 지금 저희가 박사님의 연구실에 서 있는데요. 어젯밤 폭풍으로 큰 피해를 본 상황입니다. 오랫동안 천둥 번개가 심하게 쳤는데요.

프랑켄슈타인 박사: 네, 정말 끔찍했습니다. 보험사에서 보상을 해 주면 좋겠네요. 유리창이 깨졌고 테이블은 뒤집혔어요. 천장은 무너지고 사방이 물 천지입니다. 이걸 다시 복구할 수 있을지 모르겠어요.

기자: 천장이 무너졌을 때 다친 사람이 있었나요?

프랑켄슈타인 박사: 다행히도 없었습니다. 저도 겨우겨우 피해서 해부 중이었던 유난히 덩치가 큰 시체 밑에 들어가 숨었지요.

기자: 실험실을 복구하는 데는 얼마나 걸릴까요?

프랑켄슈타인 박사: 참 어려운 질문이네요. 감사하게도, 도움을 많이 받고 있습니다. 수년 동안 다양한 시체로 스무 명이 넘는 좀비들을 만들었거든요. 그 좀비들이 기꺼이 도와주고 있지요. 제가 잘만 부탁하면 여기 온 사람들을 물어 죽이진 않을 거예요. (웃음)

기자: 지역 사회에 하고 싶은 말이 있으신가요?

프랑켄슈타인 박사: 아, 네. 제가 지난 10년간 동네 묘지에서 시체들을 좀 파냈어요. 그런데 이제는 시체가 모자라네요. 혹시 이 인터뷰를 읽는 주민 중에 숨이 꼴깍 넘어갈 거 같은 나이 지긋한 친척이 있다면 꼭 저에게 연락해 주십시오. 그러면 제가 숨 넘어가는 속도를 더 빠르게 만들어 드릴 수 있습니다. 보내 주실 주소는 독일 다름슈타트 거대하고 무시무시한 성의 연구실 프랑켄슈타인 박사 앞입니다.

기자: 박사님, 오늘 인터뷰해 주셔서 대단히 감사드립니다.

프랑켄슈타인 박사: 감사합니다.

　너는 분명 이 젊은 기자가 듣고도 넘겨 버린 정보가 여기저기 있다는 사실을 알아챘을 거야. 기자는 준비해 온 질문을 하는 데만 몰두한 나머지 인터뷰 상대인 프랑켄슈타인 박사가 무슨 말을 하는지 귀 기울여 듣지 않았어. 이 기자는 아마도 거대하고 무시무시한 성의 연구실에서 살아나오지 못했을 거야.

　여기서 교훈은 이거야.

인터뷰하는 상대의 말을
귀 기울여 들어라!

듣기 게임

네가 친구들과 듣기 기술을 연습할 수 있는 간단한 게임을 알려 줄게. 둥글게 앉은 다음 한 명을 골라 질문을 던져.

예를 들자면 "번개가 치고 비가 쏟아지면 어떤 기분이 들어?"야. 그럼 그 사람의 왼쪽에 앉은 사람은 "번개가 치고 비가 쏟아지면 무섭지."라고 말해. 다음 사람이 처음 답을 반복하고 자신의 답을 덧붙여. "번개가 치고 비가 쏟아지면 무섭지. 그리고 긴장이 돼." 다음 사람은 이 대답을 반복하고 또 더하는 거야. 이런 식으로 돌아가면서 최대한 오랫동안 해 봐. 모든 사람이 하나씩 답을 추가하면서 말이야.

복스팝

'**복스팝**(Vox Pop)'이란 '사람들의 목소리'라는 뜻의 폼 나는 라틴어야. 내 첫 번째 뉴스 대장이 "가서 복스팝 좀 얻어 와."라고 하길래 나는 무슨 맛있고 달콤한 사탕을 가져오라는 말인 줄 알았어. 나중에 거리에 나가 뉴스 기사에 대해 **직접 시민들**을 인터뷰하라는 말인 걸 알고 얼마나 실망했는지 몰라.

기자는 주로 뉴스와 직접적으로 관계있는 당사자 혹은 전문가를 인터뷰할 때가 많지만, 관계가 없는 **일반 시민**을 인터뷰하는 경우도 많아. 뉴스에 대해 일반 시민들은 어떻게 생각하는지, 어떻게 반응하는지 궁금해하는 사람들도 많기 때문이야. 일반 시민들의 **의견**이나 **반응**도 뉴스가 될 수 있는 거야.

그런데 기자가 일반 시민들이 어떤 의견을 갖거나 어떤 반응을 하는지 알 필요가 없을 때도 있어. 예를 들어, 전 세계의 점박이두꺼비의 개체 수가 줄어들고 있다는 기사를 쓴다면 아마도 시민들이 이 문제에 어떤 의견을 갖고 있을지 알아볼 필요는 없을 거야.

왜냐고? 일반 시민들은 점박이두꺼비에 대해 별로 아는 게 없을 테니까. 그리고 점박이두꺼비의 개체 수가 준다 해도 일반 시민들에게는 **영향을 끼치지 않으니까.**

하지만 버스 요금이 1파운드 (한국에선 1,500원 정도) 오른다는 뉴스가 있다면 시민들은 분명히 할 말이 있겠지! 혹은 사무실용 건물을 건설하기 위해 공원을 시멘트로 덮어 버린다는 뉴스라면 **아마도** 의견을 표출할 거야.

바로 그때가 기자가 복스팝을 모아야 할 때야. (다시 말해, 그 일에 대해 일반 시민을 인터뷰하는) 복스팝은 '**현지 상황**', 즉 일반 시민이 그 일을 어떻게 받아들이는지 알아내기에
굉장히 좋은 방법이야.

복스팝 맞히기

내가 뉴스에 쓰려고 복스팝을 몇 개 가상으로 만들어 봤어. 역사상 중요한 사건이 일어났을 때 사람들이 보인 반응이야. 읽어 보고 어떤 사건을 말하는 건지 맞혀 봐.

❶ 기원전 3500년 메소포타미아, 어그(원시인이자 화가)

"예, 생활이 크게 변할 거 같은데요. 동글동글하지만 이게 진짜 굴러갈까 처음에는 좀 긴가민가했어요. 그런데 진짜 굴러가더군요. 전에 통나무를 굴려서 사용해 본 적 있는데, 그건 좀 불편했어요. 내가 무거운 짐을 들고 옮기는 것보다야 낫지만 가는 방향으로 쉴 새 없이 통나무를 옮겨 놓고 또 옮겨 놓고 해야 했거든요. 그런데 요걸 달면 그렇게 할 필요가 없어요. 무거운 짐을 옮기는 게 더 쉬워진 거죠. 앞으로 짐을 옮기는 데 드는 시간이 확 줄어들 거예요. 그러니까 이거 완전 뜰 거 같아요."

❷ 2008년 11월 미국 LA, 판도라 오라(학교 교사)

"와! 진짜 그 사람이 미국의 대통령이 된다니, 믿기 힘드네요. 제가 가르치는 학생들에게도 정말 큰 의미로 다가갈 겁니다. 모든 아이가 피부색에 상관없이 꿈을 크게 가져야 한다는 걸 알게 될 거예요. 사람이 아주 매력적이고 아내와 아이들도 괜찮아 보이더군요. 이 나라를 위해 위대하고 훌륭한 일을 많이 해 주기를 바랍니다. 예스, 위 캔!"

정답: ① 바퀴의 발명 ② 미국 최초의 흑인 대통령 버락 오바마 당선

❸ 1536년 5월 영국 런던, 찰리 스티븐스(마부)

"세상에 그 여자와 결혼하려고 첫 번째 왕비와 이혼하고 종교까지 가톨릭교에서 영국 국교회로 바꾼 게 엊그제 같은데, 이건 좀 너무하지 않았나 싶소. 그 여자가 이런 일을 당한 건 안타깝고 슬프지만, 나는 그가 또 누구와 결혼한다고 해도 문제 될 건 없다고 생각한다오. 그건 그 사람 마음 아니겠소. 그런데 내 아내는 그가 한 짓에 격분하면서 그를 바람둥이라고 욕합디다. 내 아내 옆에 그 인간이 온다면, 아내는 아마 질색하겠지. 아무렴, 그럴 만도 하고! 다른 건 다 집어치우고라도 그 수염은 도저히 눈 뜨고 봐 줄 수가 없더이다!"

❹ 1945년 9월 스코틀랜드 글래스고, 벨린다 보긴스(미용사)

"방금 라디오 뉴스로 들었는데 믿을 수가 없네요! 매기 카베리의 머리를 파마하던 중이었는데 얼마나 놀랐는지 눈썹을 밀어 버렸지 뭐예요! 세상에, 전쟁 시작된 지 6년 만이잖아요. 드디어 이런 좋은 소식을 들으니 얼마나 기뻐요. 오늘 밤에 미용실에서 파티를 크게 열기로 했어요. 아무래도 카베리 부인은 참석하지 않을 것 같네요……."

꼭 기억해. 복스팝과 목격자의 증언은 다른 거야. 복스팝은 실제 벌어진 사건 자체와 아무런 관련이 없는 일반 시민을 인터뷰한 거지. 그리고 목격자는 사건을 두 눈으로 직접 본 사람들이야.

정답: ③ 헨리 8세이 두 번째 왕비인 앤 불린의 사형 판결 ④ 제2차 세계 대전 종결

저널리스트
명예의 전당

루이스 서로

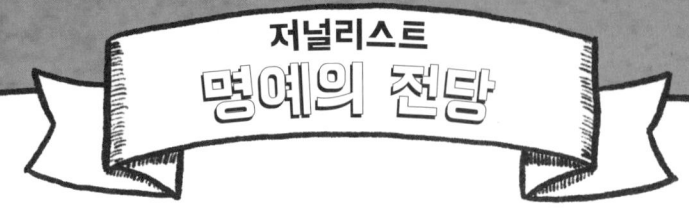

　기자 겸 다큐멘터리 감독인 루이스 서로는 온화하고 조용한 영국인처럼 보여. 하지만 그렇게만 보면 루이스의 참모습을 볼 수 없어. 사람들을 대하는 루이스의 태도는 예의 바르지만, 뉴스를 보는 눈은 날카롭거든.

　루이스는 인터뷰하는 사람을 편안하게 해 주는 데 달인이야. 사람들과 아주 친근하게 소통하지. 기자에게는 매우 중요한 자질이야. 루이스는 주로 다큐멘터리를 만들어. 알코올 중독자, 종교 집단, 성 소수자, 성범죄자 등을 인터뷰하며 그들의 이야기를 듣지.

　루이스가 인터뷰한 사람 중에는 그와 완전히 다른 의견을 가진 사람도 있었어. 하지만 루이스는 아무리 이상한 의견을 가진 사람을 상대하더라도 기자는 객관적이어야 한다는 철칙을 끝까지 지켰어. 만약 네가 다큐멘터리를 제작하고 싶다면 루이스 서로의 다큐멘터리가 본보기가 될 거야.

> "우리는 자신을 표현하고, 창의력을 발휘하고,
> 이야기를 전할 수 있는 생물로 진화해 왔습니다."
> 　　　　　　　　　　　　　　- 루이스 서로

3. 기사는 '역피라미드형'!

'**역피라미드형**'이란 '**거꾸로**'를 멋지게 표현한 단어일 뿐이야. 실제 생활에서는 잘 쓰지 않는 단어지. 친구가 철봉에 다리를 걸고 거꾸로 매달려 있을 때 우리가 "야, 저기 봐. 코델리아가 거꾸로 매달려 있어."라고 하지 "야, 저기 봐. 코델리아가 역피라미드형으로 매달려 있어."라고 하진 않잖아.

겉멋을 부린다는 생각이 들 수도 있지만 역피라미드는 어쩌면 뉴스 기사를 쓸 때 가장 중요한 부분일지도 몰라. 역피라미드형은 기사의 전체 내용을 통틀어서 가장 중요한 정보를 **제일 먼저** 놓음으로써 독자들의 이목을 집중시키는 방법이야.

역피라미드 하니까 뭔가 고대 이집트가 떠오르지만, 고대 이집트와는 아무런 상관이 없어. 실망했다고? 나도 좀 그래. 이집트인 이야기는 좀 멋있잖아. 이집트인은 피라미드를 거꾸로 만들지 않았어. 이집트인들의 건축 기술이 뛰어났을지라도 수학이 발달해서 모든 걸 측량하고 계산했을지라도 솔직히 피라미드를 거꾸로 만드는 건 현실적이지 않은 일이잖아. (요즘에는 역피라미드형으로 지어진 건물이 간혹 있는데, 자세히 보면 아래 끝이 뾰족하지 않아.)

이집트인은 그러지 않았지만, 기자들은 피라미드를 뒤집었어. 커다란 벽돌을 쓰는 대신 단어를 사용해서 말이야.

이게 피라미드를 뒤집은 모습이야.

이걸 뉴스 기사라고 생각해 봐. 피라미드의 가장 넓은 부분이 가장 위에 있고, 가장 좁은 부분이 아래에 있어. 그러면 기자는 기사를 쓸 때 가장 중요한 정보를 시작 부분에 제일 먼저 놓아. 그리고 가장 덜 중요한 정보를 끝에 놓지. 이런 방식으로 글을 쓰는 걸 **'역피라미드형 글쓰기'**라고 해. 두괄식 글쓰기라고도 하지.

만약 옆의 그림처럼 원래 피라미드 모양으로 한다면, 뉴스 기사는 가장 덜 중요한 정보가 시작 부분에 놓이게 될 거야. (좀 바보 같은 방법이겠지?) 그리고 가장 중요한 정보는 기사가 거의 끝날 때 놓이겠지. (역시 말도 안 된다고 할 수 있지.) 이렇게 글을 쓰는 걸 **'피드라미형 글쓰기'**, 미괄식 글쓰기라고 하지.

예를 들어 볼게. **가짜 뉴스 경보** 아래 기사는 '**피라미드형**'으로 쓴 거야.

세계적 우주 비행사 케네스 베이컨, 화성 탐사 때 먹은 샌드위치 상했다 의심

세계적으로 유명한 우주 비행사인 케네스 베이컨이 화성 탐사를 나갔을 때 먹었던 달걀 샌드위치가 상한 것 같다고 말했다.

어젯밤 케네스는 화성 탐사 때 있었던 일들을 말해 달라는 기자의 질문을 받았다. 그는 우주에서 달걀 샌드위치를 먹고 위장 장애를 일으켰던 일을 소개했다. 달걀 샌드위치의 유통 기한이 10월 9일로 좀 지난 듯했지만, 달걀 냄새가 신선해서 먹었다는 것이다. 그는 "처음에는 이상한 줄 몰랐어요. 그런데 몇 입 먹고 나니까 속이 좀 울렁거리기 시작하더라고요."라고 말했다.

케네스는 화성에서 임무를 수행하던 도중 외계인 집단을 만나기도 했다. 외계인은 곧 지구를 향해 대규모 군사 공격을 단행할 예정이라고 전했다고 한다.

이 기사는 뉴스에서 가장 중요하고 흥미로운 정보를 마지막에 뒀어. 외계인 군대가 지구를 공격할 예정인데, 이 기사는 대부분을 상한 달걀 샌드위치를 다루는 데 쓰고 있잖아.

기사를 '**역피라미드형**'으로 작성한다면 이렇게 될 거야.

화성 외계인의 지구 공격 임박

세계적으로 유명한 우주 비행사인 케네스 베이컨에 따르면 화성의 외계인 군부대가 지구를 향한 대규모 공격을 준비하고 있다.

화성 탐사를 마치고 막 돌아온 케네스는 어젯밤 기자에게 지구 문명을 파괴할 계획을 세우고 있는 화성인을 만났다고 전했다.

임무를 수행하던 중 케네스는 유통기한이 지난 듯한 달걀 샌드위치를 먹었다. 그 결과 위장 장애를 앓았다고 말했다.

이 기사는 가장 중요한 정보를 제일 먼저 놓았어. 그러고 보니 달걀 샌드위치에 대한 내용은 너무 하찮아서 삭제해도 될 거 같다는 생각이 들지 않아? 아마도 네 생각이 맞을 거야.

역피라미드형 글쓰기 방식은 기사의 처음, 중간, 끝에 어떤 내용을 써야 할지 결정하는 데 큰 도움이 돼. 네가 기사를 쓰든 TV 뉴스를 제작하든 친구와 수다를 떨든, 무엇을 먼저 말하고 무엇을 나중에 말할지 결정할 수 있는 아주 좋은 방법이야.

저널리스트 명예의 전당

리스 두셋

네가 BBC 뉴스, 특히나 국제 뉴스를 봤다면 한 번쯤은 리스 두셋의 얼굴을 보거나 목소리를 들어 봤을 거야.

리스는 캐나다에서 태어났어. 리스는 오지처럼 경외감을 불러일으키는 곳을 탐험하며 뉴스 보도를 해 왔어. 또 우리 같은 평범한 사람들이 겪는 분쟁과 자연재해를 분석하는 TV 뉴스와 라디오 뉴스를 제작했지. 그뿐만 아니라 내전을 피해 피난길에 오른 난민들 이야기도 보도했어.

리스는 이런 뉴스를 늘 이해하기 쉽게 전달해. 리스가 전하는 뉴스를 본다면 마치 네가 TV 화면 속으로 들어가 사건을 두 눈으로 직접 보고, 인터뷰를 직접 두 귀로 듣는 것 같은 느낌을 받을 거야. 리스는 사회적 관습에 저항하는 여성들에 대한 다큐멘터리를 제작해서 수십 개의 상을 받기도 했어. 너희도 뉴스를 볼 때 리스의 기사를 자세히 봐 봐. 진짜 대단하거든.

> "나는 사람들이 몰랐던 사실을 알려 주는 기사, 사람들의 마음을 바꾼 모든 기사에 자부심을 느낍니다."
> - 리스 두셋

4. 뉴스, 어디로 보낼까?

라디오

나는 한때 '라디오에 맞는 얼굴'이라는 말을 들었어. 그때는 우쭐했는데 나중에 알고 보니 그 말은 칭찬이 아니더라. (고마워요, 아빠.) 라디오는 세계에서 가장 인기 있는 미디어야. 사람들은 일어나면 라디오를 틀고 토스트를 구울 때도 들으며 차에서도 듣고 목욕하면서도 들어.

오디오 분야는 멋지고 흥미로운 직업이 많아. 하지만 라디오 방송 기자는 매우 어려운 직업이야. 청취자에게 뉴스를 전할 때 사진이나 영상을 사용할 수 없기 때문이지.

라디오 방송 기자는 사람들의 **귀에다 대고 그림을 그려야 해.** (물론 글자 그대로 귀에다 그림을 그리라는 말이 아니야. 귀는 그림 취향이 형편없기로 유명하잖아.) 라디오 방송 기자는 목소리, 음악, 새소리, 교통 소음, 빗소리 등의 음향 효과까지 온갖 종류의 소리를 활용해. 청취자가 스피커에서 나오는 소리를 듣고 뉴스를 이해하는 데 도움이 되는 소리라면 무엇이든 사용하지.

라디오 방송사 보도국에는 매시간 속보를 가장 빠르게 청취자에게 전하는 **아나운서**가 있고, 밖에 나가 기삿거리를 찾고 인터뷰를 해서 노트북으로 오디오 뉴스 리포트 파일을 보내는 **기자**가 있어.

또 짧은 뉴스 프로그램 말고 팟캐스트, 다큐멘터리처럼 장편 프로그램을 만드는 기자들도 있어. 이들은 긴 시간 동안 자료 조사를 하고, 인터뷰를 해서 프로그램을 만들지. 물론 사진이나 영상 없이 순전히 소리만을 사용해서 말이야.

TV

TV는 내가 제일 좋아하는 미디어야. 내가 만드는 모든 TV 뉴스 리포트는 마치 2분짜리 영화 같아. TV 앞에 앉은 시청자의 눈과 귀를 사로잡을 수 있고, 창의성을 발휘할 수많은 기회가 있지.

TV 방송사 보도국에도 여러 기자가 있어.

자료 조사원 자료 조사원은 취재 기자와 앵커와 함께 일하면서 가장 뜨거운 정보를 모으는 사람이야. 이들은 디테일한 정보를 머릿속에서 바로 끄집어낼 수 있는 굉장히 똑똑한 사람들이야. 어떤 축구 선수가 챔피언스 리그에서 가장 많은 골을 넣었나? 유로비전 송 콘테스트가 지금까지 몇 번이나 열렸나? 번지 점프를 한 사람 중 가장 나이가 많은 사람은 누구인가? 이런 디테일한 정보를 찾아 보도국에 전하는 역할을 해.

기자 기자가 법정 밖에 서 있거나 바람이 쌩쌩 부는 절벽 꼭대기에서 소리 지르거나, 후문으로 비겁하게 빠져나가는 사업가에게 질문을 퍼붓는 모습을 뉴스에서 봤을 거야. 이들의 일상은 하루하루가 다르지. 기자가 보도국에 있을 때는 보도국장이 기삿거리를 줘. 그러면 마감 시간까지 뉴스 리포트를 만들어야 해. 기자는 촬영 기자와 나가서 사람들을 인터뷰하고 다시 보도국으로 달려오지. 그러고는 촬영분이 영상 편집 소프트웨어로 편집되어 저녁 뉴스에 방송되는 걸 지켜봐. 그리고 다음 날 이 작업을 다시 반복해. 나도 많은 시간을 이렇게 보내고 있어.

촬영 기자 촬영 기자는 너희가 TV 화면에서 보는 영상을 만드는 사람들이야. 이들이 없다면 TV 뉴스 프로그램은 있을 수 없지. 오래전에 기자는 사람들을 잔뜩 데리고 나가서 인터뷰를 촬영했어. 촬영 기자, 조명 담당자, 음향 담당자, 운전기사까지. 하지만 요새는 그렇지 않아! 요즘은 촬영 기자가 이 모든 걸 다 해. 촬영 기자들은 어깨에 커다란 카메라 장비를 매고 이리저리 뛰어다녀. 촬영 기자들의 공로는 인정받아야 마땅해. 촬영 기자들은 영상을 통해 최대한 이야기를 잘 전달하려고 하지. 그리고 무엇보다 촬영 기자는 취재 기자를 화면에 멋지게 나오도록 찍어 줄 수 있지. 네가 취재 기자라면 촬영 기자에게 때마다 초콜릿을 갖다 바치는 게 좋을 거야.

제작자 좋은 제작자가 있다면 기자가 너무 바쁠 때 스트레스를 덜 받을 수 있어. 취재 기자와 촬영 기자가 영상을 찍는 동안 제작자는 더 많은 인터뷰를 할 수 있도록 전화를 돌리고, 기자를 위해 기사 원고를 쓸 수 있어. 통계와 숫자가 필요하다면 그래픽 작업을 돕거나 기사를 전달하는 데 도움이 될 만한 뉴스 영상을 찾기도 하지.

보도국장 보도국장은 보도국의 대장이야. 보도국장은 저녁 뉴스에 어떤 기사가 나갈지 결정해. 그리고 어떤 기자가 어떤 기사를 맡을지도 결정하지. 보도국장은 경험이 대단히 많고 똑똑한 사람이야. 대부분 좋은 사람들이지만, 만약 기자가 마감을 못 지킨다면 아마 표정이 달라질 거야.

인터넷

지금 지구촌에서 무슨 일이 벌어지고 있는지 알고 싶은 사람들은 대부분 인터넷으로 확인할 거야. 인터넷은 정말이지 수많은 뉴스 기사들의 본거지야. 그런데 인터넷으로 기사를 볼 때는 정신을 똑바로 차려야 해. 사실상 누구나 인터넷에 기사를 올릴 수 있기 때문에 가짜 뉴스가 있을 위험이 크거든. '**믿을 만한**' 출처가 있는 기사만 골라 읽어야 해. 사실만을, **오직 사실**만을 전한다고 믿을 수 있는 출처여야 하지.

인터넷 신문에 기사를 쓰는 기자도 종이 신문사, 방송사 기자와 같은 기자야. 그런데 인터넷 신문 기자에게는 환상적인 장점이 세 가지나 있어.

1. 빛의 속도로 뉴스 전송

인터넷 신문 기자가 쓴 기사는 빛의 속도로 세상 사람들에게 알려져. 종이 신문 기자가 쓴 기사는 시간이 걸려. 팩트 체크를 하고, 편집을 하고, 인쇄를 해야 하지. 그런 다음 신문이 트럭으로 가게에 배달돼 가판대에 놓여야 비로소 기사가 세상에 알려져. 인터넷 신문 기자는 기사를 써서 팩트 체크를 하고 편집장의 승인을 받은 뒤 '전송' 버튼만 클릭하면 돼.

인터넷 신문사나 종이 신문사나 뉴스 보도에 대한 규칙은 똑같아. 기사가 사실이어야 하고, 공정해야 하지. 하지만 인터넷은 종이 신문 제작과 유통을 위해 거쳐야 하는 많은 과정을 생략할 수 있어. 인쇄기와 배달 트럭이 필요 없고, 신문을 올려놓는 가판대도 필요하지 않으니까.

2. 분량의 제약 없이 기사 작성 가능

종이 신문 기자는 기사를 쓸 때 정해진 '글자 수'를 지켜야 해. 기사에 얼마나 많은 글자가 들어가는지를 세어 가면서 기사를 써야 하는 거야. 편집장이 아마추어 극단의 공연 도중 한 여성이 무대에서 떨어진 사건에 대해 300자 이내로 기사를 쓰라고 했다면 1,000자로 써서는 안 돼. 종이 신문은 기사가 들어갈 공간이 딱 정해져 있기 때문이야. 인터넷 신문 기자는 그걸 걱정할 필요가 없지. 이들은 뉴스를 전달하는 데 필요한 만큼 얼마든지 글을 쓸 수 있어. 어쨌든 인터넷에는 남는 게 공간이잖아!

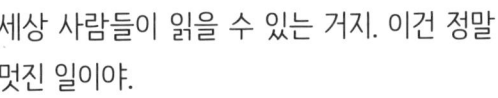 누구나 어디서나 볼 수 있는 기사

사람들은 인터넷으로 뉴스 읽는 걸 좋아해. 좋아하지 않을 수가 없지. 스마트폰에서 앱만 열면 아제르바이잔의 악어, 페루의 정치인, 모잠비크의 휘파람새에 대해 읽을 수 있으니까. 이 말은 지구촌 수백만 명이 인터넷 신문에 올라온 기사를 읽는다는 뜻이야. 인터넷을 사용할 수만 있다면 어디에 있든, 네가 쓴 기사 그리고 네가 전하고자 하는 이야기를 세상 사람들이 읽을 수 있는 거지. 이건 정말 멋진 일이야.

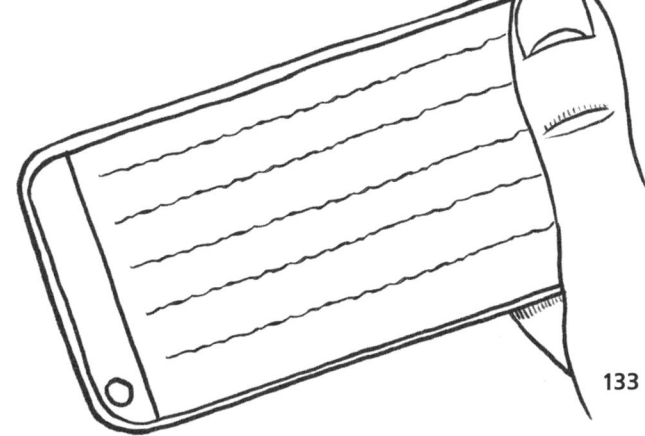

소셜 미디어

뉴스는 언론사 웹 사이트에만 있는 게 아니야. SNS에도 있지. 아직은 네가 SNS를 사용할 수 있는 나이가 아니더라도 앞으로 사용하게 될 거야. 그러니까 몇 년 후에 SNS를 어떻게 사용할지 미리 알아 두는 게 필요해.

SNS는 최신 뉴스를 알 수 있는 간단한 방법이야. SNS의 뉴스 피드에 바로 뉴스가 뜨게 할 수 있으니까. 누군가가 뉴스 피드에 뜬 기사를 공유할 때는 **댓글** 혹은 **반응**과 함께 올리게 될 거야. ('좋아요'나 '화나요'를 누른단 뜻이야.) 댓글과 반응은 우리가 기사를 보는 데 영향을 미칠 수 있어. 기사는 읽지도 않고 댓글과 반응만 보고서 다른 사람에게 또 공유하거나 밑에 댓글을 달기도 하지.

기사를 공유한 사람은 이렇게 댓글을 쓸지도 몰라.

> 이로써 정부가 우리가 마시는 물에 이상한 화학 물질을 넣었다는 사실이 증명됐다!

또는 이런 댓글을 쓸 수도 있지.

> 또 한 명의 과학자가 기후 변화는 사실이 아니라고 말했다!

바로 이때가 내가 가르쳐 준 걸 써먹을 때야. 기사에서 5W 1H를 찾을 수 있니? 인용한 말들이 믿을 만해? 출처를 믿을 수 있는지 살펴봐.

SNS는 기자가 기삿거리를 찾는 데 아주 유용한 도구가 될 수 있어. 하지만 기사를 훑는 데 시간을 많이 쏟을수록 **불친절한 사람들**을 만날 가능성이 점점 더 커져. 사람들은 현실에서는 절대 쓰지 않을 법한 나쁜 말들을 온라인에서는 거리낌 없이 하는 경향이 있거든.

사람들이 온라인에서 쉽게 나쁜 말을 내뱉는 데는 몇 가지 이유가 있어. 그 이유 중 하나는 SNS에서는 별다른 수고를 들이지 않고도 상대방에게 **직접 연락**할 수 있기 때문이야.

지금으로부터 50년 전을 상상해 볼까? 만약 어떤 사람이 엄청나게 화가 나서 나한테 모욕감을 주고 싶다고 해 보자. 그 사람은 일단 나한테 편지를 쓰고, 내가 다니는 직장의 주소를 사람들한테 물어 물어 알아낸 다음 우체국에 가서 줄을 서서 기다렸다가 우표를 사고 편지를 부쳐야 할 거야. 나한테 답장을 받을 수 있는지 없는지도 모른 채 말이야. 너무 번거롭지 않니? 귀차니스트라면 우체국으로 가는 도중에 그냥 포기하고 말 거야. 하지만 SNS는 다르지. 이제는 클릭 몇 번만 하면 내가 하고 싶은 말을 써서 누구에게나 쉽게 보낼 수 있거든.

SNS는 **익명**으로 글을 쓸 수 있어. 이름을 가짜로 지어내거나 프로필 사진을 가짜로 올릴 수 있고 자기소개를 거짓말로 할 수도 있어. 자기가 세계적으로 유명한 경마 기수라고 거짓말을 해도 사람들은 알지 못해. 자신을 감출 수 있으니 무슨 말이든 마음껏 하지.

바로 여기서 '**악플러**'들이 나와. 이들은 익명 뒤에 숨어서 자신이 저격한 사람이 어떤 반응을 하는지 보고 싶어 하지. 악플러는 네가 아는 사람일 수도 있어. 몇 번 봤던 사람, 같은 반 친구일 수도 있는 거야.

악플러는 단 하나의 간단한 방법으로 무찌를 수 있어.

 버튼을 누르는 거야.

SNS는 마음이 맞는 사람들끼리 정보를 소통하는 공간이어야 해.

다른 사람을 화나게 하려고 SNS를 사용하는 사람들과는 아예 엮이지 않는 게 최선이야. '차단' 버튼을 눌러 버리면 그들은 더 이상 너에게 관심을 갖지 못하지. 그러면 SNS를 원래 취지대로 사용할 수 있어.

악플러까지는 아니지만 대화 중에 너를 불편하게 하는 사람도 있을 거야. 예를 들면, 뭔가 이상한 이모티콘이나 사진, 영상을 보내는 거지. 그럴 땐 그 사람과 **대화를 즉시 중단**하고 부모님이나 네가 믿을 만한 사람에게 말하는 게 좋아.

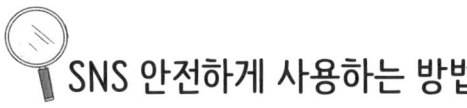
SNS 안전하게 사용하는 방법

너무 걱정하지는 마. 어른들도 SNS를 사용하다가 때때로 불편한 일을 겪어. 내가 안전하게 SNS를 사용할 수 있는 간단한 방법을 알려 줄게.

- **나를 팔로우 한 사람이 누구인지 확인해.** 만약 팔로우 목록에 네가 만난 기억이 없는 사람이 있다면, 그 사람에게 나와 연결된 친구가 있는지 찾아 봐. 그런 다음 친구에게 그 사람이 누구인지 물어봐. 그 사람이 누구인지 알아낼 수 없다면 계속 나를 팔로우 하도록 놔두지 마.

- **개인 정보가 드러나는 게시물은 신중하게 올려.** 게시물을 올릴 때 집 주소, 친구와 가족에 대한 정보 또는 너의 개인적인 일상이 드러나는지 확인해야 해. 요즘 앱들은 업데이트한 특정 게시물을 가까운 친구들 하고만 공유하도록 설정할 수 있어. 모든 팔로워와 다 공유하지 않고 말이야. 정말 친한 친구들의 목록을 만들고 특정 게시물은 그들만 볼 수 있게 설정해.

- **내가 올린 글에 상처받는 사람이 없을지 다시 한번 살펴.** 짜증 났던 사람이나 일에 대해 야단법석을 부리기 전에 자신에게 물어봐. "우리 할머니가 이걸 본다면 어떻게 생각하실까?" 만약 그 글이 네 할머니가 만드신 요리에 관한 거라면 특히나 더 조심해야 해!

- **언제나 '차단' 버튼을 누를 수 있다는 걸 기억해.** 악플러나 안 친한 친구, 처음 보는 사람이 너에게 나쁜 말을 했다면 얼른 차단해 버려. 그리고 의지할 수 있는 어른에게 말해. 나쁜 감정을 혼자 견디려고 하지 마.

이해할 수 없는 단어

사람들은 가끔 (특히 저널리스트) 실제보다 자신이 더 똑똑한 사람처럼 보이려고 화려한 단어를 사용하기도 해. 그냥 평범한 단어를 써도 다 설명할 수 있는데도 말이야. 예를 들어 볼게.

히포포타몬스트로세스퀴페달리오포비아
Hippopotomonstrosesquippedaliophobic

한국어로 하면 '긴 단어 공포증'이야. 이 단어의 히포는 하마를 뜻하는 영어 'hippo'와는 아무런 상관이 없어. 긴 단어를 무서워하는 사람이라는 뜻이야. (물론 하마도 긴 단어를 대체로 싫어하지.)

예) "나는 뉴스 기사를 쓸 때 짧고 간결한 단어를 쓰는 걸 좋아해. 기사를 읽는데 **히포포타몬스트로세스퀴페달리오포비아**인 사람이 있으면 안 되니까."

플록시노시니힐리필리피케이션
Floccinaucinihilipilification

무언가 의미가 없다고 판단할 때 쓰는 아주 긴 단어야. 한국어로 하면 '의미 없는 일'이란 뜻이지.

예) "내가 오늘 아침 저널리즘에 관한 책을 읽었는데 갑자기 **플록시노시니힐리필리피케이션** 같다는 생각이 드는 거야. 그래서 책을 창밖으로 던져 버렸어."

분다글 Boondoggle

한국어로 하면 '쓸데없는 짓'이라는 뜻이야. 이 단어는 네가 마치 바쁜 것처럼 보이려고 필요 없는 행동을 할 때 써.

예) "수학 문제는 다 풀었어. 하지만 선생님이 문제를 더 줄까 봐 책에다 분다글 끄적거렸어."

펄카튜드네스 Pulchritudinous

'빼어난', '세련된', '아름다운'이라는 뜻이야. 좀 이상하지. 단어는 참 못생겼는데 말이야. (미안, 펄카튜드네스)

예) "와, 석양이 진짜 **펄카튜드네스**해."

썰컴로쿠션 Circumlocution

에둘러 말하기, 완곡하게 말하기쯤으로 생각하면 될 거야. 간단히 말할 수 있는데 장황하게 말하는 것을 뜻해.

예) "이 저널리스트는 **썰컴로쿠션** 좀 그만하고 일반인들이 이해할 수 있는 말로 하면 좋겠어."

뛰어난 기자는 이런 긴 단어를 사용하지 않아. 완전 핫해서 입이 떡 벌어지는 뉴스라도 **아무도 이해하지 못한다면 무슨 소용이 있겠어?**

분명한 단어를 사용하라는 말은 **짧은** 단어를 사용하라는 말이 아니야! 대부분의 사람들은 그 긴 단어를 알아도 그 기다란 단어가 들어간 기사는 읽고 싶어 하지 않을 거야. 에둘러 말하는 게 적을수록 더 좋지.

눈과 귀가 번쩍
놀라운 이야기

오늘은 연휴 전 브레이크 댄스 마지막 수업이 있는 날이야. 춤 선생님들과 학생들이 수여식을 위해 가장 큰 스튜디오에 모였어.

어느덧 수여식은 거의 끝났어. 최고의 베이비프리즈상, 최고의 킵업상, 최고의 핸드글라이드상 등이었지. 하지만 상이 하나 더 있었어. 바로 개근상이었지. 매년 단 한 번도 결석하지 않은 학생에게는 커다란 선물 상자를 줬어. 학생들은 모두 손뼉을 크게 쳐 주었어.

올해 개근상은 샤니아 맥기에게 돌아갔어. 샤니아는 모든 수업에 출석했고 엄마가 날짜를 헷갈리는 바람에 크리스마스 연휴에도 나왔지. 샤니아는 사탕과 초콜릿이 가득 담긴 선물 상자를 받고 기뻐했어.

수여식이 끝나고 모든 사람이 스튜디오를 빠져나가기 시작했지. 나가는 길에 네 친구 캐스퍼가 복도에 있는 게 보였어. 올해 캐스퍼는 몸 상태가 좋지 않았어. 뼈에 문제가 생겨 대부분을 휠체어에 앉아 있어야 했지.

캐스퍼는 상을 하나도 받지 못했어. 공연 날 관중석에서 휠체어에 앉아 멋진 춤을 추긴 했지만 다른 학생이 최고의 댄서상을 받았어. 캐스퍼는 런던에 가서 특별한 수술을 받아야 했기 때문에 거의 세 달 동안 수업을 빠졌지. 이제는 몸이 조금 나아져서 다행이야.

캐스퍼는 아무 말도 하지 않았지만 좀 속상한 것처럼 보였어. 과연 샤니아가 상을 타고 캐스퍼는 상을 못 타는 게 공정한 걸까?

자신이 좋아하는 활동이지만 어쩔수 없이 못 하게 되는 아이들이 있어. 집안 형편이 어렵거나 캐스퍼처럼 자신이 아프거나 부모님이 샤니아의 부모님처럼 춤이 중요하다고 생각하지 않을 수도 있어. 하지만 어쨌든 아이들의 잘못은 아니야.

안 좋은 상황에 있는 아이들도 있는데 이런저런 상과 개근상을 주는 것이 과연 옳은 일일까? 어쩌면 괜찮을지도 몰라. 결국 상은 상자일 뿐이고 샤니아는 받을 만했으니까. 두 가지 다른 입장이 머릿속에서 부딪치기 시작해.

좋은 기사가 나올 거 같은데……. 어때?

다음 뉴스는…… 이제 네 차례!

방금 초인종이 울렸어. 피자가 왔다는 뜻이지.

이제 나는 물러날 시간이야.

이 책에서 나는 너에게 뉴스 세계의 비밀을 알려 줬어. 기삿거리의 냄새를 맡는 법, 출처를 추적하는 법, 기사를 쓰는 법까지 말이야.

뉴스에는 사람들을 웃고 울릴 만한 생생한 이야기들이 있어. 사람들이 주변 세상을 이해하기 위해 알아야만 하는 이야기가 있고, 사람들의 인생을 바꿀 만한 이야기도 있어.

기자의 임무는 그런 이야기를 찾아서 전하는 거야. 간단한 일 같지만 기자는 전혀 그렇지 않다는 걸 알지. 이 책이 네가 중요한 뉴스를 찾고, 보이는 것 이상의 이야기를 찾는 데 도움이 되길 바라. 우리는 모두 역사의 초안을 쓰고 있어. 그러니 이제 무엇이든 적어 나갈 시간이야.

단, 늘 **가짜 뉴스**를 조심해. 뉴스의 참과 거짓을 판별할 줄 아는 게 오늘날처럼 중요한 때는 없었어. 가끔은 가짜 뉴스에 속을 때도 있을 거야. 하지만 네가 세상을 사실대로 보기 위해 최선을 다한다면 가짜 뉴스를 가려내고 진실을 볼 수 있을 거야. 사실은 늘 허구보다 훨씬 더 흥미로우니까.

기자 5계명을 외우고 이 책을 책가방에 넣어 둬. 그러면 어떤 기삿거리가 컴퓨터를 뚫고 나오거나 스마트폰에서 튀어나와도 잡을 수 있을 거야. 호기심을 가져. 사람들을 공정하고 친절하게 대해. 무엇보다 네가 재밌게 했으면 좋겠어.

자, 그러면 이제는 네 차례야.

뉴스 용어

훌륭한 기자와 뉴스 독자들은 언론인들이 늘 사용하는 용어에 익숙해질 필요가 있어. 약간 암호 같거든. 오래도록 화려한 경력을 쌓은 나는 천 개도 넘는 용어를 익혔지만 그중 30개만 기억할 수 있네. 그중 일부를 알려 줄게.

가짜 뉴스 사실이 아닌 기사. 온갖 허위 정보 중에서 언론사의 기사처럼 보이도록 꾸며 낸 것을 말해.

기자 뉴스 기사와 주변 세계에서 일어나는 일을 내내 생각하는 사람. 언론사에 소속된 기자도 있고, 프리랜서로 활동하는 기자도 있어. 특별히 좀 더 열정적인 기자를 뉴스하운드(Newshound)라고 부르기도 해. 왜 이런 사람들을 뉴스하운드라고 부르는지는 나도 정확히 모르겠어. 하운드는 '사냥개' 또는 '따라다니며 괴롭히다.'라는 뜻이야. 아마도 유난히 똑똑했던 래브라도나 카타훌라 불도그가 옛날에 뉴스 업계에서 입지를 단단히 다진 모양이야. 그래서 그렇게 이름이 굳은 거지.

낚시성 기사 기자가 온라인 클릭 수를 늘리려고 말도 안 되고 종종 사실이 아닌 헤드라인을 넣은 기사. 예를 들면 '세계에서 가장 유명한 연예인을 놀랍도록 똑 닮은 물고기 발견' 같은 기사야.

단독 기사 기자가 그 누구보다 먼저 찾아내서 쓴 기사. 단독 기사는 종종 익명의 출처에서 나오지. '독점 기사'라고도 해.

리포트 TV 뉴스 꼭지를 가리키는 다른 용어. 대개 2~3분 길이야.

마감 기사를 완성해서 보내야 할 시간. 예를 들어 뉴스 프로그램이 방송에 나가거나 신문이 인쇄되는 시간이지. 만약 마감을 놓치면 프로그램이나 신문에 텅 빈 공간이 생기게 돼. 사고가 나는 거지. 그러면 귀여운 동물 사진을 넣거나 시간을 메꾸기 위해 당황한 뉴스 진행자가 횡설수설 한다든가 중고차 광고를 넣어야 해.

중고차 판매합니다

1994 포드 피에스타. 상태 양호. 30만 마일. 2004년도 바스가에서 갑자기 차를 세우는 바람에 바닐라 밀크셰이크를 엎질러 냄새가 희미하게 날 수 있음.

모조(Mojo) '모바일'과 '저널리즘' 두 단어를 합친 용어. 모조는 스마트폰으로 촬영하고 편집한 뉴스 기사를 말해. 요즘 뉴스에서 보는 사진이나 영상 중에는 스마트폰으로 촬영한 게 많아. 하지만 사람들은 아마 알아채지 못하겠지. 모든 뉴스 리포트를 스마트폰으로 촬영하는 건 바람직하진 않지만, 가벼워서 높이 들어 찍을 수 있고, 어떨 때는 물속에서도 촬영할 수 있는 건 큰 장점이야. 이런 순간에 스마트폰은 커다란 카메라가 잡지 못하는 놀라운 장면을 잡아내거든.

목격자 사건을 직접 본 사람. 사건에 대한 이야기를 읽었거나 커피숍에 앉아 있다가 들었다고 하는 사람은 목격자가 아니야.

방송 사고 TV 뉴스 진행자나 기자가 저지르는 실수. 할 말을 잊었거나 웃음을 멈출 수 없을 때, 또는 넥타이에 무지막지하게 커다란 딸기 잼 자국이 있을 때 같은 경우지.

보이스 오버(Voice-over) 'VO'라고 줄여 쓰기도 해. 시청자가 화면 영상을 볼 때 기자의 목소리가 흐르는 거야. 이건 TV 뉴스에서만 써. 알다시피 종이 신문과 인터넷 기사는 말을 안 하니까.

복스팝(Vox Pop) '사람들의 목소리'라는 뜻의 용어. 라틴어 'Vox populi'에서 나온 말이지. 기자가 밖으로 나가 특정 사건에 대해 일반 시민들의 의견을 물어서 녹음하거나 찍은 거야.

사례 조사 뉴스로 보도할 사건과 관계있거나 영향을 받은 일이나 사람들에 대해 조사하는 것을 뜻해. 모든 뉴스의 기본은 사례 조사로 진행되는 인터뷰야. 그렇지 않다면 기사가 실제 사람들의 삶에 어떤 영향을 끼쳤는지 알 수 없으니까.

소프트 뉴스(Soft News) '하드 뉴스'의 반대말. 이런 기사를 읽으면 그날 하루는 기분이 좋지. 수화를 할 줄 아는 강아지, 양로원을 방문한 알파카, 로또에 당첨된 아기…… 내 말 무슨 뜻인지 알지?

속보 글자 그대로 빠른 속도로 보도하는 뉴스. 방금 일어난 일에 대한 뉴스지.

스파이크(Spike) 기사를 '스파이크'한다는 건 휴지통에 버리고 잊어버리는 거야. '스파이킹'이라고도 해. 예전에는 신문사 편집장들이 마음에 들지 않는 기사를 책상에 있던 기다란 못에 쿡 꽂았거든. 가끔 편집장은 나를 그 못에 꽂고 싶어 하는 거 같아. 다행히 지금까지는 간신히 빠져나왔어.

스톡 쇼트(Stock shot) TV 뉴스에 자주 나오는 거리를 분주하게 걷는 사람들의 발, 법원 같은 주요 건물의 외관, 요양원에 계시는 할머니 할아버지의 모습 같은 장면들이야. '배경 화면(wallpaper)'이라고도 해. 이런 장면들은 보기 좋지만 기자가 뉴스를 전하는 데 방해가 되지는 않아.

앵커 뉴스 프로그램의 진행자. 값비싼 요트가 떠내려가지 않도록 고정해 두는 무거운 금속 갈고리를 뜻하는 앵커와는 아무런 연관이 없어.

익명 이름을 숨긴다는 의미야. 제보자가 자신의 신분을 밝히지 않고 정보를 주는 거야.

편집장 신문사에서 어떤 뉴스를 다룰지 결정하는 대장. 이들은 기자들에게 늘 소리를 지르느라 얼굴이 뻘겋게 달아올라 있다는 특징이 있지.

표절 모든 기자에게 절대 금지 사항. 다른 사람의 글을 베껴 쓰는 거야. 예를 들어, 위키피디아에서 가져온 글을 마치 네가 쓴 글인 척하는 거지.

특종 '단독 기사'와 비슷해. 기자가 자기 혼자만 알고 있는 기사야. 출근길 이야기 또는 2004년에 자동차에 바닐라 밀크셰이크를 왕창 엎질렀다는 이야기 같은 게 아니야. '특종'은 모두가 알고 싶어 할 대단히 흥미로운 기사지.

하드 뉴스(Hard News) 매우 진지한 뉴스야. 주식 및 증권, 환율 등에 대한 중요한 정보를 다루지.

닉 셰리든이 쓴 '자기소개서'

닉 셰리든은 어린 시절 내내 질문 세례를 퍼부어 어른들을 귀찮게 했으며 주변 세상에 늘 호기심을 보였다. 거실을 무대로 브로드웨이 뮤지컬을 혼자 공연하며 억지로 부모님이 지켜보게 했다.

어린 시절 닉을 가르쳤던 선생님들은 하나같이 닉에 대해 이런 반응을 보인다. "누구라고?" 닉은 교실에서 눈에 띄는 아이가 아니었다. 하지만 교실 밖에서 닉이 하는 행동들은 그를 눈여겨봐야 할 아이로 지목하기에 충분했다. (이상해서 그런 게 아니고!)

닉은 온갖 종류의 뉴스를 보도해 왔다. 베스트 파이 대회부터 가축 분뇨 장애물 코스 달리기 대회(이에 대해선 묻지도 마. 질문 금지!)까지 다양하고 수많은 곳을 찾아갔다. 강아지로 가득 찬 수영장에서부터 벌 떼를 피하고자 올라간 나무 위까지, 이루 다 적을 수 없다.

2년간 닉은 고향인 아일랜드 공영 방송국에서 어린이를 위한 뉴스 프로그램인 〈뉴스투데이(news2day)〉의 진행자로 일했다. 그는 수천 명의 아이를 만났고 셀 수 없이 많은 뉴스를 전했으며 학교 빵 바자회에서 엄청난 양의 빵을 먹었다. 그런 다음 스코틀랜드로 가서 BBC 뉴스 소비자 보호국 담당 기자로 일했다. 지금은 뉴스 리뷰 프로그램을 진행하고 있으며, 가끔 라디오 프로그램에도 출연하고 있다.

닉은 시간이 나면 조깅을 하고 열심히 낮잠을 자며 툭하면 펜을 잃어버린다.

《뉴스 속보! 가짜 뉴스 속에서 진짜 뉴스를 찾다!》

이 책은 닉의 첫 번째 책이다.

감사의 말

어린이책은 전혀 접해 보지 못한 세계였습니다. 다행히도 이 새롭고 신기한 어린이책이라는 세계를 여행하는 동안 에이전트인 리디아 실버가 내내 차분하게 안내해 주었어요. 클레어 윌리스와 달레이 앤더스 칠드런스 북 에이전시에 있는 모든 분도 나를 도와주었습니다. 작년 한 해 동안 끝없는 열정과 지혜로 이끌어 주셔서 감사합니다.

편집자인 아미나 요세프, 사이먼 & 슈스테르의 모든 팀원에게 나를 믿어 주어서 고맙다는 인사를 전합니다. 데비 포이, 안나 볼스, 리나 레인은 책의 짜임새와 글이 초점에 정확히 맞도록 도와주었습니다.

BBC 가족에게 크나큰 고마움을 느낍니다. 여러분이 격려와 조언을 아끼지 않은 덕에 이 책을 쓸 수 있었어요. 헤일리 발렌타인, 게리 스미스, 제리 게이, 하워드 심프슨, 재키 휴스턴, 애니 맥과이어, 프레이저 윌슨, 줄리 히킨이 지혜로운 조언을 해 주었습니다. BBC 동료들의 격려에 힘을 얻어 2020년과 2021년 동안 그럭저럭 성과를 낼 수 있었고요. 일일이 다 언급하기에는 너무 많네요. 모든 분에게 감사합니다.

RTÉ 뉴스투데이의 에브릴 호어와 앤-마리 스미스는 내 안에 있던 열정에 불을 지펴 주었어요. 덕분에 어린 친구들에게 흥미롭고 재미있는 방식으로 뉴스를 설명할 수 있었습니다.

때마다 꼭 필요한 조언을 해 준 밥 휴, 케빈 백허스트, 힐러리 맥고란, 데니스 맥나마라에게 감사의 인사를 전합니다.

나만의 뚜렷한 글 스타일을 갖도록 도와준 웩스포드 작가들, 에오린 콜퍼, 콜럼 토빈, 빌리 로슈, 메리 오브라이언에게 감사드립니다.

레아 프란체티, 마크 모스카디니는 내가 뉴스 세계를 설명할 수 있는 '통찰력'을 일깨워 주었습니다. 덧붙여 나에게 '창의성'을 발휘하려면 바보처럼 행동해도 된다며 글을 써 보라고 격려해 준 닉 오브라이언, 마틴 펜더, 에디 로슈, 게리 호우에게도 감사드립니다.

스티브 잭슨과 엘리슨 크레이그는 귀중한 경험을 기꺼이 내게 나눠 주었습니다.

지난 18개월간 내내 나를 진득하게 믿어 준 친구들에게 큰 빚을 졌습니다. 피오나 스토커, 캣 맥키넌, 로라 맥기, 제임스 앳킨슨, 데이비드 앳킨슨, 네이션 잭슨, 데릭 매클로플린, 엠마 카메론, 사라 맥멀런, 스텝 도처티, 프란체스카 하셰미, 로비 암스트롱, 로이진 트레이시, 샘 그리핀, 발레리 로프터스, 데릭 오브라이언, 앤드루 레논, 니키 라이언, 시아란 오코너, 레아 키런, 이사벨라 블랜처드, 고든 캠벨 등 모두 고마워요.

릴 크리스 워드, 내가 너무 흥분해 있을 때 이성의 목소리가 되어 주었습니다.

바네사 타페, 내 룸메이트이자 아내, 엄마, 댄스 파트너이자 그 모든 것입니다. 고마워요.

브라이언과 비브, 매일같이 선한 싸움을 벌이고 있는 수천 명의 선생님 중 두 분입니다. 계속 힘내세요.

그리고 마지막으로 내 최종 편집장이신 부모님께 이 책을 바칩니다.

뉴스 속보! 가짜 뉴스 속에서 진짜 뉴스를 찾다!

초판 1쇄 2023년 4월 11일 **2쇄** 2024년 6월 13일 **글** 닉 셰리든 **옮김** 박혜원
펴낸이 황인옥 **편집** 김익선 **디자인** 윤연희 **마케팅** 임수진 **영업** 정원식
펴낸곳 나무말미 **출판등록** 제2020-000134호 **주소** 서울시 마포구 월드컵북로 400 5층 24호
전화 0507-1429-7702 **팩스** 0504-027-7702 **인스타그램** @namumalmi_publisher
블로그 https://blog.naver.com/namumalmi_books **이메일** namumalmi_books@naver.com
ISBN 979-11-91827-22-4(73300)

BREAKING NEWS: How to Tell What's Real from What's Rubbish
Copyright © Nick Sheridan 2021
All rights reserved.
Korean translation rights arranged with Darley Anderson Children's Book Agency Ltd., London
through Danny Hong Agency, Seoul.
Korean translation copyright © 2023 by NAMUMALMI Publisher

이 책의 한국어판 저작권은 대니홍 에이전시를 통해 저작권사와 독점 계약한 나무말미에 있습니다.
저작권법에 의하여 한국 내에서 보호를 받는 저작물이므로 무단전재와 무단복제를 금합니다.

나무말미는 장마철 잠깐 해가 나서 땔나무를 말릴 수 있는 시간을 뜻하는 우리말입니다.